발가벗은 여자는 아름답다

발가벗은 여자는 아름답다

초판 인쇄 2017년 9월 20일
초판 발행 2017년 9월 25일

후쿠도미 타로우 지음
홍석연 옮김
홍철부 펴냄

펴낸곳 문지사
등록 제25100-2002-000038호
주소 서울특별시 은평구 갈현로 312
전화 02-386-8451/2
팩스 02-386-8453

ISBN 978-89-8308-116-2 (23100)

값 14,500원

발가벗은 여자는 아름답다

후쿠도미 타로우 지음 / 홍석연 옮김

문지사

　　나는 다른 사람들에게 무엇을 가르칠 만큼 훌륭한 인격을 갖추지는
못했다. 그럼에도 나보다 인생 경험이 풍부하지 못한 사람들이 내게 어떤
물음이나 상담을 해 오는 경우, 내 자신의 경험담이나 생각, 혹은 충고를
해줌으로써 그들에게 유익한 해결책을 제시해 준 경우도 적지 않았다고
생각한다.

　　그러나 대체로 나는 성미가 급한 편이다.

　　전화 상담에는 그런대로 응하기는 하지만, 서신으로 상담해 오는
경우에는 거의 답신을 하지 않는다. 게다가 직접 상대와 대면하게 되면
급한 성미가 금방 드러나고 만다.

　　결론을 조급하게 밀어붙이면서 상대가 제대로 이해를 하지 못하는
듯하면 '마음대로 해'라는 식으로 물리쳐 버리게 된다.

　　상담을 한다는 것은 상대로 하여금 스스로 문제를 해결할 수 있도록
실마리나 해결책을 제시한다는 점에서 뿐만 아니라, 내 스스로도
젊은이들의 사고 방식과 실태를 알 수 있다는 점에서 좋은 기회가 된다.
운명 철학을 주로 하고 있는 나에게는 대단히 고마운 일이 아닐 수 없다.

　　그들이 상담을 해 오는 경우는, 대체로 기성 세대인 어른들이
생각하기에는 전혀 거론할 가치조차 없는 문제들이다.

　　그럼에도 당사자인 젊은이들에게는 해결하지 않으면 안 될 만큼

중대한 문제요, 현실적으로 가장 시급한 문제이기 때문에 "그런 시시한 일로 고민하느냐"고 꾸짖거나 멸시하는 것은 그들을 더 큰 위험 속으로 내모는 것과 다를 바가 없다.

또 그렇게 꾸짖는 어른 자신조차도 젊었을 때는 분명히 그와 똑같은 고민을 했을 것임에 틀림없는데, 그만 자신의 젊은 시절은 까마득히 망각한 채 그들만을 매도한다는 것은 그야말로 어불성설이다.

젊은이들은 그것이 작은 일이건 아니건 심각하게 고민한다. 그만큼 순수하다는 증거다. 따라서 고민하고 가슴 아파하는 일이야말로 젊음의 특권이라고 해도 틀리지 않을 것이다.

고민의 종류도 실로 다양하다. 진학·취직·우정, 혹은 가정 문제나 연애 관계, 나아가 삶의 본질에 관한 문제에 이르기까지 삶과 관련된 모든 것들은 고민과 동의어 아닌 것이 없다.

그 가운데서도 이 책에서는 특히, 연애와 성을 중심으로 이야기를 전개시켰다. 그것도 여성들에 비중을 두어 여성들이 진실로 아름다워질 수 있는 기술적인 방법을 여러 가지 면에서 제시하였다.

심약하다는 이유로, 혹은 상식에 어울리지 않는다는 이유만으로 사람들은, 인간이라면 누구나 당연히 가지고 있는 모순이나 일견 혐오스럽다고 생각되는 것들에 대해서는 일부러 눈을 감아 왔다.

특히 성에 관한 많은 인간적 측면에서는 거의 도외시해 왔다고 해도 지나치지 않을 것이다.

그러나 인생의 모든 것에 대해, 그것이 진실로 인간의 본질적인 면과 깊은 관련을 맺고 있는 한 눈을 감을 필요는 없다고 생각한다. 인간은 신도 아니고 악마도 아니다. 그저 인간 그 자체일 뿐이다.

사람들은 흔히 관념적인 사랑의 아름다움을 이야기한다. 그 아름다운 사랑을 찬양하는 것이다. 실제로 그러한 사랑은 더없이 아름답다. 그러나 남녀 관계는 그런 정신적인 사랑만으로는 성립되기 어렵다. 인간은 육체를 가지고 있는 고등동물이다.

그런 면에서 성을 표현한 사랑이야말로 진실로 인간적이라고 할 수 있다. 순결한 성은 아름다움을 내포하고 있으며, 이러한 관계를 통해서 더욱 높은 단계로 나아가는 것, 이것을 나는 교양이라고 생각한다.

지금까지도 성에 대해서는, 서로 얘기해서는 안 될 금기나 혹은 아주 혐오스런 뜻을 지닌 말로 이해되어 왔다. 그래서 순수한 젊은 여성들에게는 수치심의 대상이 될 수밖에 없었다. 그러나 이러한 현상적인 면에 집착해서 본질을 놓쳐서는 안 된다.

인간을 인간 그대로 인식하게 되면 무익 유해한 편견을 버릴 수 있다. 그렇다고 해서 또 하나의 미덕인 수치심을 잃게 되는 것도 아니다. 그와는 전혀 별개의 문제이다.

이런 점에서 인간은 문화의 피해자일 수도 있다. 전통과 보편이라는 굴레로 인해 가장 인간다운 점들을 가슴 속에 묻어두어야 했기 때문이다. 알게 모르게 우리들 자신에 대한 오해를 거듭하면서 살아왔는 지도 모른다.

이는 성 문제에만 국한된 것도 아니다. 모든 사물을 되도록 밝은 쪽에서 논리적으로 생각하도록 하는 노력을 기울여야 할 때라고 믿는다.

나는 지금까지 젊음을 과시하여 글을 쓰려고 노력해 왔다. 그러나 이제 정신을 차리고 보니 이미 젊음은 멀리 과거의 숲으로 사라져 버리고 그 흔적만이 기억 속에 남아 있을 뿐이다.

그래도 아직 매력적인 젊은 여성을 대하면 문득 나이를 잊어버리고 거기서 즐거움을 느끼는 수가 있다.

또한 이렇게 젊은 여성에게 말할 수 있는 것도 역시 내 자신의 젊음을 되찾게 하는데 도움이 되는 듯하다.

젊음에 대한 무한한 향수를 느끼면서 일단의 짧은 글들을 묶어 보았다. 심심할 때 커피라도 한 잔 마셔 가면서 가벼운 마음으로 읽어주기 바란다.

—엮은이

C O N T E N S

CONTENS

1 ——————— 여자의 허영심은 남자를 싫증나게 한다

여자의 '귀엽고 아름다움'에 대하여

어떤 여성의 이야기를 한 예로 들어 이 책을
시작해 보기로 하자. 아주 오래 전의 이야기인데,
당시 그녀는 나와 같은 또래의 사춘기 소녀였다.

이 책에서 편의상 그 소녀를 A라고 가정하여
여러분의 이해를 돕고자 한다.

"나는 목욕을 끝낸 뒤에는 반드시 거울 앞에
서서 내 자신의 알몸을 바라보는 습관을 가지고
있단다. 거울에 비친 엷은 분홍빛의 내 몸매에
대해 스스로 황홀경에 빠져 버리곤 해. 육체의
아름다움, 그것은 한 편의 시와도 같아."

여자 아이가 서슴없이 그런 말을 할 때 사춘기
소년이었던 나는 얼굴을 붉히며 당황하지 않을 수
없었다.

확실히 그때 그녀의 벌거벗은 몸매는 호기심 많은 젊은이들을 매료시킬 만큼 충분히 아름다웠을 거라고 지금도 그녀를 떠올릴 때마다 생각하곤 한다. 사실 옷을 입은 상태에서도 그녀는 더할 수 없이 아름다운 모습을 하고 있을 정도였으니까.

그 당시에는 봉건적인 잔재가 많이 남아 있어서 남녀 교제가 터부시되는 시대였다. 그럼에도 불구하고 그녀는 여러 계층의 남자들과 거리낌 없이 교제를 하고 있었으므로, 이런 무분별한 교제에 대해 주위 사람들이 눈살을 찌푸리는 것도 당연한 일이다.

한참 성숙한 뒤에도 그녀는, 우리 친구들이 예측했던대로 병적일 만큼 남성 편력이 심해져 있었다. 처자가 있는 유부남과의 불장난, 친구 사이의 삼각관계 그리고 또 다른 연애 사건들로 하여 많은 사람들의 입에 쉴새없이 오르내리곤 했다.

그처럼 무분별한 젊은 날을 보내고 난 후, 드디어 그녀도 결혼을 하고 아이를 낳았다. 그러나 그녀의 남성 편력은 변하지 않았다. 어떤 때는 남편과의 사랑, 심지어는 잠자리 이야기까지 노골적으로 떠벌리기도 하고, 아이들을 돌볼 때조차도 거의 동물과 같은 본성에 의지해 맹목적인 사랑을 하는 것이었다.

이와 같은 그녀의 행동에 눈살을 찌푸리고, 조마조마하게 가슴을 조이고 지켜보던 가족들은, 늘 불안의 연속이었으나 그러다가 조금씩 안심하기 시작했다. 그녀가 가족에 대해 어느 정도 관심을 기울이기 시작했다는 변화 때문이었다. 그러자 주위 사람들도 그녀가 마음을 가라앉히고 안정을 찾았나보다고 생각했다.

하지만 그들의 믿음은 그리 오래 가지는 못했다. 실제로 그녀의 남성 편력은, 아직 종착역에 도달하지 않았던 모양이다. 얼마 후에 모든 이들의 기대를 저버리고 남편과 아이들마저 버리고 영영 가정을 떠나버렸다.

물론 혼자가 아니라 다른 남자가 있었음은 물론이다. 그것도 연하의 남자였다. 쉽게 말해서 사랑의 도피 행각이었다.

이것으로 하여 그녀에 대한 평판은 '탕녀'라는 결정이 내려졌다. 이후부터 그녀에게는 일생 동안 뒤집을 수 없는 패륜이란 이름이 따라 다니게 되었다.

나는 그녀의 삶의 여정에 대해 지나치게 짧은 내용으로 표현하고 있지만, 여러분은 이와 같은 무분별한 한 여자의 행동에 심한 불쾌감을 느낄 것이다.

나 자신도 가정을 이끌어가는 가장으로서 그녀의 행적을

살펴보면서 도저히 용서할 수 없는 여자라는 생각에 혼자 격분하기도 했다.

　사실 나는 가까이에서 그녀의 생활 태도를 일일이 지켜본 것은 아니기 때문에 남성 편력의 내막이 어떠했는지는 정확히 알지 못한다. 그러나 항간에 떠도는 소문이나 진행 과정을 보아서 결코 그녀의 행동이 단정치 못했다는 점은 부인할 수 없다.

　그 매혹적인 육체에 얼마나 강렬한 열정이 잠재해 있었던 것일까. 그렇지만, 그러한 육체적 욕구와 욕망을 다스리는 이성 작용이 그녀의 생활 방식에서 아무리 찾아보려고 해도 찾아 볼 수가 없었다. 음란한 피에 굴복해서 욕망이 의도하는대로 자신의 삶을 헛되이 낭비했다는 느낌만이 짙을 뿐이다.

　무엇보다도 그녀의 자유 분방한 생활 태도는, 주위 사람들에게 심각한 영향을 주었던 것이다. 불장난처럼 그녀와 교제하다가 헤어진 많은 남성은 제쳐두고라도, 한 아이의 어머니로서의 무책임한 행동, 어느 날 갑자기 버리고 떠나버린 아이에 대해서는 어떠한 변명의 여지도 없을 것이다.

　그 아이는 일생 동안 깊은 상처를 안고 살아가지 않으면 안 된다. 설혹 운 좋게 잘 자라 주었더라도 어려서 받은 고통만은 평생의 한으로 남아있을 것이다.

그런 점에서 보면 사회가 그녀에게 이름 지어준 '악녀'라는 낙인은 참으로 마땅하다고 여겨진다.

그럼에도 불구하고 때때로 그녀의 모습이 머리에 떠오르면, 역시 매력적인 여자라고 생각하지 않을 수 없는 것이 솔직한 내 마음이기도 하다. 그녀에 대한 다분히 인간적인 면이 있는 것 또한 사실이니까. 이렇게 말하면 독자들은 '그런 여자를 두고 매력적이라고 말하는 남자는 정말이지 이해할 수 없다'고 생각할지도 모른다.

매력적이라는 말은, 어찌보면 좀 막연한 표현이기도 하다. 그러나 실제로 남녀 관계에서 아주 구체적인 것은 거의 없다. 대체로 추상적인 이미지를 통해서 상대방에 대한 자신의 감정을 드러내게 되는 것이 일반적인 남녀 관계의 진행 과정이다.

좀더 구체적인 면을 조심스럽게 말할 수 있을지 모른다. 그런 점에서 볼 때 그녀는 어떤 의미에서는 귀엽고 예쁜 여자라고 할 수도 있을 것이다.

"맙소사, 그런 여자가 귀엽고 예쁘다니?"

남자를 제멋대로 바꿔치고, 끝내는 가정과 남편, 아이까지 서슴없이 버린 탕녀라고 단정해 버리면, 그녀는 확실히 귀엽다거나 사랑스럽다는 개념과는 거리가 먼 듯하다. 얼굴과 몸매에 성적 매력이 있다고는 말할 수 있을지 모르지만, 귀엽고 사랑스럽다는 말은 어딘지 잘못된 표현이라는 생각이 들지 않는 것도 아니다.

그럼에도 나는, 그녀를 아직까지도 귀여운 여자라고 생각하고 있고, 또 여전히 매력을 느끼고 있는 것에 대해 내 스스로도 납득하기 어렵다는 점을 솔직히 고백한다.

도대체 '귀엽다 '아름답다'는 것은 무엇을 뜻하는 것일까.

남자의 마음을 사로잡는 여자의 매력

　러시아 작가 안톤 체홉이 쓴 『귀여운
여인』이라는 단편 소설이 있다. 이 소설의 여자
주인공은 사귀고 있는 남자에게 기쁨을 줄 때
비로소 자신의 사랑을 확인하는 여성이다.
　그녀는 남자를 만나서 열렬한 사랑을
한다. 소설에 나타난 그녀의 사랑은 그야말로
헌신적이란 말 한마디면 족하다. 상대편이 기쁨을
느낄 수 있도록 적극적으로 행동한다. 그렇게
하는 것이 그녀 자신의 유일한 즐거움이기도
하다.
　그러므로 그녀는 자기가 희생을 당하고
있다고는 조금도 생각하지 않는다. 이것이 그녀의
자연스런 삶의 방법이요, 사랑의 행위인 것이다.

그러는 동안 어찌된 영문인지 남자가 그녀 곁에서 사라졌다. 그녀는 감당할 수 없는 고통과 슬픔에 빠져 어찌할 바를 모르는 채 그저 떠나간 남자가 되돌아오기만을 손꼽아 기다릴 뿐이다.

그런데 얼마 후에 다른 남자가 그녀 앞에 나타났다. 그러자 그녀는 사라진 남자를 언제 그리워했느냐는 듯이 새 남자에게 전 남자에게 했던 것과 마찬가지로 헌신적으로 사랑을 바치고 그가 기뻐하면 그녀 자신도 기뻐하며 황홀한 행복에 젖는 것이었다.

이리하여 소설『귀여운 여인』의 주인공은 이와 같은 사랑의 반복 속에서 자신의 삶을 영위하는 방법을 터득해 갔다. 이러한 방식에 익숙해진 만큼 그녀 곁을 많은 남자가 지나갔다.

이제 이 책의 본론으로 들어가 보자.

여기서 나는 이런 여자를 독자 여러분은 어떻게 생각하는지 묻고 싶다. 체홉은 이 단편 소설에『귀여운 여인』이라는 제목을 붙였다. 아주 적절한 제목이라고 나는 생각한다.

지금도 나는 이 소설에 등장하는 주인공이 확실히 귀여운 여자라는 믿음을 변함없이 가지고 있다.

그러나, 이른바 우먼 리브Woman Lib들은 이에 대하여 완강한 반론을 제기할지도 모르겠다. 어쨌든 이 여자 주인공은

숙명적으로 헌신적인 사랑을 통해 남자로부터 빛을 받아 변신하는 여성임에 틀림없다.

동시에 일방적으로 남자에게 종속되어 주체성을 잃은 여성처럼 보이기도 한다. 그렇지만 오히려 이러한 종속적인 행위가 한편으로는 남자를 사로잡는 무기가 될 수도 있다고 본다.

"그런 여자가 매력적인 여자라면, 나는 결코 그런 여자는 되고 싶지 않아요."

최근 들어 유행하는 말이기는 하지만, 경제적인 자립 능력을 갖추고 평생을 독신으로 지내겠다고 주장하는 여성들에게는 천만 부당한 얘기일지도 모르겠다. 그런 여성들에게 귀여운 여인이라는 말은 듣기에도 거북하고 심지어 혐오스럽기까지 할 것이다.

그럼 여기서 소설 『귀여운 여인』의 주인공이 과연 남자에게 종속되어 주체성이 없는 여인인지 어떤지의 여부는 잠시 미루어 두기로 하자.

우선 소설의 주인공을 귀엽다는 측면에서 살펴보면, 과연 어떤 면에서 귀여운 것일까.

한마디로 그녀에게는 겉치레와 같은 허식이 없다. 자신의 솔직한 마음을 있는 그대로 변함없이 드러내 놓고 사랑하며 살아가는 것이 그녀의 모든 것이고 사랑법이다. 남자가 여자에게 귀엽다고 느끼는 본질의 하나가 바로 여기에 있다.

내가 A녀를 귀엽다고 하는 인상을 버리지 못하는 것도, 역시 같은 의미에서이다. A녀의 삶의 방식에는, 일반적인 사회 통념에 비추어 자기 자신을 돋보이게 한다든가, 좋은 이미지를 부각시키려는 가식적인 꾸밈이 없다. 솔직하게 자신을 노출시키고 있는 그대로의 자기 모습을 보여 주는 것이다.

『귀여운 여인』의 주인공이나 A녀가 세상을 현명하게 살아가고 있는지 어떤지는 중요하지 않다. 귀엽고 사랑스럽다는 느낌의 본질은 단지 솔직한 마음의 표현에 달려 있을 뿐이다. 이에 대해서는 어떤 근거로도 반박할 수 없다고 나는 믿는다.

사실 남자를 끌어당기는 가장 강력한 요소는 여자의 순진무구한 귀여움이다. 어떤 여자를 귀엽다고 느꼈을 때, 남자는 사랑을 향해서 한 걸음 더 다가서게 되는 법이다.

아마도 설문 조사를 해보면 많은 남성들이, '사랑은 귀엽고 예쁘다는 감정의 움직임에 의해서 시작되었다'고 답할 것이다. 귀엽고 아름다운 모습이 여자에게 끌리는 중요한 요인이 된다는 것은 이를 두고 하는 말이다.

이것은 보편적이며 불변하는 사랑의 본질이다.

그 아름다운 사랑의 본질이 맑은 심성에 있다는 점은 이미
앞에서 말했음을 기억하기 바란다. 그러나 슬프게도 심성이란
보이지 않는 내면의 세계이다.

여기서 독자 여러분에게 묻고 싶은 말이 있다.

우리 주위에는 여러 부류의 사람들이 존재한다. 가깝게는
집안 식구, 친척, 직장 동료, 선후배, 그리고 멀리는 거래상
만나게 되는 사람 등 실로 다양하다. 그들에 대해 여러분은
무의식적이건 의식적이건 자신의 가치 판단을 통해 그들을
가늠하고 재단한다.

그리하여 자신의 가치 기준과 맞아떨어지는 사람들을 가려
사귀고 교제하거나 할 것이다.

이때 내리는 개개인의 판단 기준이야말로 마음의 결정이요,
자신의 내면 세계이다.

이를 단순히 말하면, 좋은 사람, 나쁜 사람이라고 구분 지을
수도 있을 것이다. 그러면 여러분은 과연 무엇을 기준으로 해서
사람을 평가하고, 무엇을 기준으로 해서 그들과 관계를 맺는가.

대개는 그 사람의 태도 · 몸짓 · 말씨 · 동작 등을 통해서
느끼고 판단할 것이다. 그런 표면적이고 외적인 느낌이 기준이

되는 것이다.

아마도 그럴 것이다. 마음은 볼 수도 확인할 수도 없는 무형의 실체이다. 그것은 행동이라든가, 표정이라든가 하는 신체적으로 표현되는 외적 현상만을 통해서는 결코 감지할 수 없는 내면의 세계이다.

그럼에도 우리 인간은 상대의 마음을 읽을 수 있다. 비록 정확하지는 않더라도 그 사람의 말이나 행동, 표정 등을 통해서 상대방의 마음을 어느 정도 파악할 수 있는 것이다.

반대로 말하면, 자기의 마음을 어떻게 표현하는가에 따라 한 인간에 대한 평가가 내려질 수도 있다는 말이다. 인간의 마음 속을 훤히 들여다 볼 수는 없기 때문에 겉으로 드러나는 행위를 통해서 상대의 마음을 읽는다는 것은 어쩌면 가장 자연스런 반응일지도 모른다.

A녀는 목욕이 끝난 뒤, 자기의 나체를 거울에 비쳐보고, 마치 나르시스가 물에 비친 자신의 모습을 들여다보고 황홀감에 도취되곤 한다는 이야기를 나에게 서슴없이 털어놓았다는 사실이야말로 자신의 세계를 거침없이 표출하고 있는 것이 아닌가.

아무런 사심이나 의심도 없이 말하는 그녀의 모습이 내

머리 속에 너무나 강렬하게 남아 있기 때문에 지금도 여전히
아름답게 느끼고 있는지 모른다.

아마도 맞을 것이다. 가식 없는 그녀의 매력과 삶의 방법이
한데 어울려 귀여운 심성으로 나의 뇌리에서 꽃을 피우고 있기
때문일 것이다. 소설『귀여운 여인』의 주인공도 이와 같다.

물론 작가의 문장력이나 거침 없는 문체의 영향도 있겠지만,
나는 여자 주인공의 시선과 눈빛, 말하는 모습, 가냘픈 몸매에
이르기까지 바로 눈앞에서 보고 있는 듯이 뚜렷하게 그려낼 수
있다. 귀염성에 대한 연상작용이 일어나기 때문이다. 그것들
하나 하나가 융합되어 빛의 혼합처럼 영롱하게 가슴에 와 닿는
것이다.

이렇듯 남자가 사랑의 감정을 갖게 되는 계기는 상대 여성의
마음의 호흡이나 태도, 표정, 또는 말씨 등에 의해서 좌우
된다는 사실을 염두에 두기 바란다.

남자는 여자의 마음가짐에 따라 바뀐다

나는 고등학교 시절, 경상도 지방의 한 작은 도시에서 아주 평범한 가정의 꿈 많은 젊은이였다.

어느 날 저녁 무렵이었다. 나는 누군가를 만나기 위해 역을 향해 혼자 걸어가고 있었다. 그때 열차가 막 도착해서 승객들이 플랫홈 밖으로 쏟아져 나와 귀가를 서두르고 있었고, 나는 그 귀향 행렬들과는 반대 방향으로 걷고 있었다.

그런데 그 행렬 속에서 한 소녀를 발견했는데, 나는 이미 그 소녀의 얼굴을 몇 본 적이 있었다. 얼마 전에 우리 집 근처로 이사 온 여학생이다.

그녀는 아직 전학을 하지 않은 탓으로, 내가 다니고 있는 학교보다 훨씬 먼 학교로 통학을

하고 있었다. 그러므로 다른 학생들은 이미 귀가해서 저녁
식사를 마쳤을 시각인데, 그녀는 이제서야 겨우 학교에서
돌아오고 있는 중이었다.

"안녕하세요, 늦었군요."

나는 미소를 지으며 먼저 인사를 했다.

그녀와는 지금껏 인사는커녕 말 한마디도 나눈 적이
없었는데, 그때 인사말을 건넨 것이 처음이었다.

어떤 소녀일까 하는 호기심을 끝내 참지 못하고 용기를
내어 한 번쯤은 인사라도 하고 싶은 마음에서였다. 그렇다고
강렬하게 의식하고 있었던 것도 아니어서, 그녀의 대답을
기대하지도 않았다.

그때 말을 건넨 것은 일종의 호기심이 주는 극히 소녀다운
발상이었다. 통근 직장인들 속에 단 한 명 섞여 있는 소녀에게
자연스럽게 끌렸다는 표현이 적절한 말일 것이다. 그런데 전혀
얘기치 않은 말이 들려 왔다.

"안녕하세요."

고개를 약간 숙이고 겨우 들릴까 말까 한 목소리로 말하고는
내 옆을 그림자처럼 지나치는 것이었다.

다음날 같은 시각에, 나는 또 역 쪽으로 걸어가고 있었다.

별다른 용건이 있는 것도 아닌데, 다만 그녀가 보고 싶다는 막연한 기대감에서였다.

내 생각은 그대로 적중되었다. 나는 또 먼저 인사를 했다.

"안녕하세요."

이번에는 대답을 예상한 인사였다.

"안녕하세요."

역시 낮고 고운 소리가 귓가를 스쳤다. 소녀의 가는 미소가 한참이나 눈가에 맴돌았다.

단지 그것뿐이었다.

그것만으로 나는 그녀가 사랑스럽다는 감정을 갖게 된 것이다. 이에 나는 소녀를 이 세상의 어느 것보다 강하게 의식하게 되었고, 들뜬 기분으로 달콤한 흥분에 사로잡혔다.

단순하다면 단순하고, 철없고 분별력 없는 마음의 흐름이라고 하더라도 그 황홀하고 짜릿한 감정이 전해 주는 기분을 과연 무엇이라고 표현할 수 있을까.

대체로 무엇인가를 막연하게나마 사랑하고 싶다고 느끼는 심리적 움직임 자체가 단순한 것이므로 사랑스러움의 표현도 단순한 것은 당연하다고 하겠다.

아주 미미한 눈동자의 움직임. 주고 받는 말 한마디, 이 모든 것들이 단지 사랑스럽다는 단순한 심리에 의해서 비롯된다. 이렇듯이 아주 단순한 사건이 연애의 실마리가 되는 경우도 허다하므로 간단히 간과하고 넘어 갈 수만은 없는 일이다.

그 짙은 노을이 깃든 작은 도시의 거리에서 의식적으로 소녀에게 말을 걸어보겠다고 미리 마음의 준비를 했던 것은 아니다. 꼭 그 시간이면 약속이나 한 듯이 귀가하고 있는 소녀를 그냥 보고 싶었던 차에 돌발적으로 인사를 건넸을 뿐이다. 말을 건 나의 돌연한 행동을 소녀 또한 얘기치 않았을 것이다.

"안녕하세요."

답례의 인사말에는 어떠한 계산도 깔려 있지 않은, 다만 순간적이고 순수한 마음의 욕구에 따라 자신도 모르게 반응한 것에 불과하다. 그렇게 때문에 있는 그대로의 솔직한 그녀를 느낄 수 있었던 것이다.

순간적인 표정이나 태도, 행동, 무의식적으로 나타내는 반응만큼 그 사람의 심성을 거짓없이 솔직하게 표출시키는 방법은 없다. 남자가 여자에게 사랑의 감정을 느끼는 것은 거의가 그와 같은 단순한 동기에 의해서이다.

그렇다면 당신은 어떠한가.

한 예로 회사 안에서 이런 일은 일어날 수 있다.

"미스 김. 커피 한 잔 부탁하고 싶은데……"

불시에 이런 부탁을 해오는 동료 사원이 있다면, 당신은 어떤 반응을 보이며 대처할 것인가. 어떤 모습으로 응할 것인가.

이런 남자 사원은 부수적으로 당신에 대한 귀염성의 정도를 여러 가지 측면에서 관찰하게 된다. 이는 아주 우연한 말이다.

여성의 허영심은 남성을 싫증나게 한다

　여성운동에 전력하고 있는 맹렬 독신 여성 몇
명과 대화를 나눈 적이 있었다.
　그녀들의 말을 듣고 나는 지금까지의 배타적인
여성관을 버리고 많은 점에서 그들의 의견에
동조할 수 있게 되었다.
　여성의 지위가 향상되고 강화되었다고
거듭거듭 강조시되고 있는 오늘날이지만, 그래도
아직까지는 사회의 구성원 대다수가 남자라는
것은 엄연한 사실이다. 그러므로 여성들은 각
방면에서 차별을 받거나 불이익을 당하는 경우가
허다함을 인정하지 않을 수 없다.
　예를 들어, 많은 회사들이 남녀의 임금차를
제도화하고 있다는 사실 등이 그렇다. 일을

시켜 본 다음 능력의 격차에 따라 임금의 차이가 생겼다면 합리적이라고 판단할 수 있지만, 초임부터 남자와 여자라는 성별에 의해서 체계를 달리해 차별화하고 있다는 것은 남녀 평등을 강조하는 오늘날의 수준으로 볼 때 시대 착오적인 사고라고 보지 않을 수 없다.

무엇보다도 이러한 차별이 대부분의 여성들에게도 별로 이상하게 생각되거나 문제시되고 있지 않다는 사실이 놀라울 뿐이다.

이런 점에 대해서 나 역시 충분히 이해하고 있으며, 많은 면에서 여성의 지위가 향상되고 남성 지배적인 사회로부터 해방되지 않으면 안 된다고 생각한다.

또 한편으로는 무모할 만큼 사회에 도전하는 맹렬 여성들에게 그다지 큰 호감을 가질 수 없다는 생각도 나는 아울러 가지고 있음을 솔직하게 고백하지 않을 수 없다. 내 태도가 이처럼 진보적이지 못한 원인을 예로 들어보자.

얼마 전에 어느 학교 여교사와 대화를 나눌 기회가 있었다. 그 여교사도 여성의 지위 향상과 남녀 평등에 대해 강렬한 의식을 가지고 있어서, 어느 누구보다도 여성 교육에 힘을 쏟고 있다고 힘주어 말했다.

그래서 그녀는 우선 작은 실천을 통해 가까운 데서부터 영역을 확보하기 위해 자기가 담당하고 있는 학급의 여학생들 가운데서, 비교적 의식에 눈 뜬 리더를 길러보려고 관찰해 보았다는 것이다.

과연 기대했던대로 비교적 신뢰할 수 있는 여학생 두셋이 눈에 띄었다.

그리하여 그 학생들을 적극적으로 선도하여 학급 위원으로 뽑아 많은 발언을 하게 함으로써 자신이 의도한대로 훈련을 시킨 다음, 이 학생들을 핵으로 해서 끌고 나가면 의식화된 여성층을 육성할 수 있을 것이라고 그 여교사는 믿음직스럽게 관망하고 있었다고 한다.

그러나 결과적으로 여학생 리더는 육성되지 않았다. 남학생들로부터 전혀 인기를 얻지 못했음은 물론, 어떠한 협력도 얻어내지 못했다는 것이다.

더욱이 믿었던 여학생들이 오히려 남학생들보다도 더 반발하는 데는 도무지 어찌할 방도가 없더라는 것이다. 심지어 리더로 육성시키려던 여학생들이 같은 급우들로부터 따돌림까지 당하는 존재가 되고 말았다고 한다.

"여학생들은 매사에 이치에 맞는 말을 주장하지만, 여전히

남학생들은 편견으로 가득 찬 고정 관념에 사로잡혀 '그저
여자인 주제에'라는 멸시의 눈으로 바라보기만 했습니다.
그들을 설득하기 위해 많은 노력을 기울여 보기도 했지만, 별
호응을 얻지 못하게 되자, 여학생들은 초조한 나머지 강박
관념에 사로잡히게 되었고, 여성다운 재치와 발랄함까지 잃게
되어 타인에게 호감을 주지 못하게 됐지요. 그것이 점차 심해져
결국은 같은 여학생들에게서도 반발을 사게 되었답니다. 실제로
동성인 내 눈으로 봐도 그 여학생들에게서는 조금도 귀염성
같은 것을 발견할 수 없더라고요."

　이와 비슷한 이야기를 어느 백화점 인사 담당자로부터도
들을 기회가 있었다.

　백화점이란 일반적으로 여성 특유의 감각이 그 역할을
담당해야 하는 부서가 많은 업종임에 틀림없다. 이에 그
백화점에서는 여성의 창의적인 능력을 더 적극적으로 활용하기
위해 지금까지의 인사 방침에 일대 변혁을 시도했다.

　이때까지는 여성 사원을 일선 매장의 판매원으로만 고정시켜
왔지만, 능력과 의욕이 있는 사원은 적극적으로 관리직에
등용해서 매장을 맡도록 하려 했다는 것이다. 물론 계장 ·
과장 등 능력에 따라 남녀를 동등하게 승진할 수 있는 통로를

마련하는 데도 결코 인색하지 않았다.

　그러나 이 새로운 인사 방침은 의외로 여성 사원들 사이에서 그다지 좋은 평을 듣지 못했다. 관리직으로 임명하려 들면 능력 있는 여성 사원일지라도 과민 반응을 보였다고 한다.

　"사양하고 싶어요. 나에게는 그만한 능력이 없어요."

　이와 같은 여성 사원들의 소극적인 태도에 대해 백화점 인사 담당자는 다음과 같은 자신의 의견을 들려주었다.

　"실제로 계장으로 승진시켜 관리직에 등용된 여성 사원은 얼마 안가 강박감에 사로잡혀 업무 능력을 상실하게 되지 뭡니까? 정말이지 놀라지 않을 수 없었습니다. 책임감과 긴장감 때문에 자기 상실에 빠지는가 봅니다. 내가 보기에도 여성으로서의 매력을 잃게 된다는 것은 안타깝기조차 하더군요. 이토록 여성 사원들이 자기 자신을 평가 절하하는 것이 무리도 아니라고 생각됩니다."

　나는 여기서 여성에게는 리더, 즉 지도자적 자질이 결여되어 있다고 말하려는 것은 절대로 아니다. 이 시간에도 많은 전문 분야에서 훌륭히 리더십을 발휘하며 남성들을 격려하고 있는 여성들이 세계 각처에 존재하고 있음을 알기 때문이다.

　다만 맹렬 여성들에 대해 내가 받은 느낌은 여교사의 예나

백화점 여사원의 경우에서 보는 것처럼 하나의 공통분모가
있다는 점이다.

　즉 여교사나 백화점 여사원들의 경우처럼 일정한 지위나
직책을 가지고 있으면, 끝내는 강박감에 사로잡혀 여성 본래의
귀염성을 상실하게 된다는 점이다.

　다시 말해 지도자적인 입장에서 무엇인가를 주장할 경우,
책임감 때문에 긴장한 나머지 귀염성을 상실하는 경향이
여성에게는 일반적으로 강하게 내재해 있는 듯싶다.

　물론, 여성에 대한 봉건적인 편견이 남성 위주의 사회에서
통념으로 받아들여지고 있는 것은 사실이다. 그런 점에서
여성이 어느 위치에 홀로 서기 위해서는 자신이 감당하기 어려울
만큼 인내하지 않으면 안 되며, 그로하여 매사에 긴장해야
된다는 고통쯤은 이해할 수 있다.

　그러나 그와 같은 어려움을 감내해야 하는데 대한
얼마만큼의 동정을 감안하더라도 지나칠 정도로 강박감에
사로잡혀야 할 이유는 없다고 본다.

　이럴 경우 다소 여자다운 귀염성이 표출될 수 있다면 인상은
크게 달라질 것이다. 타인에게 내비치는 인간적인 매력도
아주 중요한 것일진대, 하물며 자기 직무에 대한 지나친 과잉

반응으로 인해 심한 자기 상실감에 빠진다면 어찌 안타깝지
않겠는가.

생각컨대, 자신을 표현할 수 있는 여유, 있는 그대로의
자신을 솔직히 노출시킬 수 있는 무엇인가가 여성들에게는
선천적으로 결여되어 있지 않나 하는 생각이 든다. 무엇보다 이
점을 극복하는 것이 중요하다.

스커트를 안 입은 귀여운 여자

　내가 잘 아는 잡지사의 편집자가 결혼을 했다.
상대는 동료 여성 편집자로 사내 결혼이었다.

　그가 그녀에게 끌린 이유는, 아주 단순하고도
사소한 일에서 비롯되었던 것이다.

　어느 추운 겨울날 아침이었다. 날씨가
추웠으므로 모두들 코트를 입고 출근을 했는데,
편집실 안은 난방 시설이 잘 갖추어져 있어서
모두들 코트를 옷걸이에 걸어두고 일을 시작하는
것이 순서였다.

　그녀도 마침 코트를 벗으려고 하다가,

　"어머!"

　하며 놀라더니, 그대로 코트를 입은 채 자리에
앉아 일을 하면서 끝내 벗지를 않았다.

"어찌된 일이오? 어디 아프기라도 합니까?"

오히려 동료 직원들이 더 놀라서 묻자,

"감기 기운이 좀 있어서……"

하며 우물쭈물 얼버무리는 것이 아닌가.

"그러면 무리하지 말고 조퇴하는 것이 어떻겠소?"

동료들이 권유하자, 다시 얼굴을 붉히며 작은 소리로 그에게만 들릴 듯 말듯 말했다.

"다른 사람들에게는 비밀이에요. 사실은 스커트를 입고 오지 않았거든요."

이 말을 듣자, 순간 그는 그녀가 너무 귀여워 보이더라는 것이다.

좀 이상한 이야기 같지만, 그녀가 주책 없다는 것만은 확실하다. 그런데도 이후 그녀가 주책 없는 짓을 할 때마다 그는 이상하게도 그것이 더욱더 귀엽게만 느껴지더라는 것이다.

사실 주책 없다는 것은 결코 장점이라고는 할 수 없다. 그러나 그녀의 경우에는, 자신이 주책 없다는 사실조차도 스스로 잘 알고 있으며, 그것을 극복하려고 꾸준히 노력하고 있다는 점 하나만으로도 충분히 귀여울 수 있는 것이다.

주책을 부리게 되면,

"어머, 주책이야."

하며 스스로 웃어 넘길 수 있는 여유가 그녀에게는 있었다.

자기를 객관적으로 바라볼 수 있는 여유가 있으므로 자신의 실수나 오류를 솔직 담백하게 받아들일 수 있으며, 그 솔직한 모습이나 반응이 다른 사람들에게는 귀여운 모습으로 비칠 수 있는 분위기를 자아내는 것이다.

솔직한 자연 그대로의 심정이 아차! 하는 순간의 표정이나 말씨 등에서 표출될 때, 남자는 그 여자를 귀엽다고 생각하게 된다고 나는 말해 주었다. 누구든지 갓 태어났을 때는 솔직하고 순진무구하다. 아니 오히려 그것이 진보라고 하는 것이 옳다.

인간은 성장해 가는 과정에서 그 순결한 백지 위에 여러 가지 색깔을 덧씌우거나 갖가지 채색으로 물들인다.

때로는 그것이 몸동작이나 허례허식 또는 고집으로 변해 하나의 완고한 자기 정체성으로 굳어버려, 마침내는 그것이 단점인지 장점인지도 분간하지 못한 채 평생을 그렇게 자신의 틀 속에 갇혀 지내는 경우가 허다하다.

그러나 일단 이러한 틀 속에서 벗어나 자신을 전혀 다른 관점에서 바라보면, 자신의 어리석은 부분, 얼빠진 부분, 미덥지 못한 일면 등이 실로 여러 면에서 자기 모습을 들여다 볼 수 있고 직시할 수 있다.

　동시에 그런 부분에 대해 그저 눈살을 찌푸리거나 부정적인
생각만을 해서는 안 된다는 것도 알게 된다. 바로 이 어리석은
부분에 대한 직시야말로 솔직하고 귀여운 웃음의 출발점이요,
순진무구한 동심으로의 회귀이다.

　솔직한 마음으로 웃어 넘길 수 있는 그 무한 공간으로 당신의
눈을 한 번 돌려보라. 당신의 눈은 고양되고. 당신의 가슴은
다시금 불타 올라 넉넉한 여유의 숲으로 당신을 인도할 것이다.

　사람들에게 웃음거리가 되더라도 그것은 하나의 단순한
순간에 지나지 않고, 당신은 오로지 당신의 위치에서 있는
그대로의 당신만 바라보면 되는 것이다.

　그 자체로 있는 것을 즐길 줄 아는 지혜야말로 참다운 삶의
지혜이며, 더할 수 없는 지복이라고 나는 생각하고 또 믿는다.

　허식을 취할 필요는 전혀 없다. 무엇을 두려워하고 무엇을
고집할 것인가. 몸을 도사리지 말라. 있는 그대로의 자신을
인정하고 받아들이되, 자신의 어리석음을 과장하지도 말라.

　솔직하고 자연스럽게 자신을 받아들이면 그뿐이다. 달리
취할 것도 버릴 것도 없다. 이미 당신은 귀엽고 사랑스런 여자가
되는 길로 들어선 것이다.

첫머리에서 말한 A녀도, 체홉의 『귀여운 여인』의 주인공도 자기의 솔직한 심정을 있는 그대로, 한결같이 그런 모습을 드러내 놓고 싶다는 점에서는 귀여운 여인임에 틀림이 없다. 그러나 동시에 어리석다는 느낌도 들지 않을 수 없다.

현대의 여성들은, 그러나 단순한 어리석음만 가지고는 어림도 없다. 자기의 어리석음을 직시하는 것 외에 객관적 지성미까지 갖추고 싶어하는 공격적이다.

지적인 여성이라고 하면 으레 차갑다는 이미지가 붙어 다닌다. 그러나 그것은 잘못된 관념이다. 차가운 이미지로 굳어버린 지성은 이미 진정한 지성이라고 할 수 없다.

자신을 웃어 넘길 수 있는 관점으로부터 시작해서 솔직한 자기 감정, 표정, 말씨 등을 자유롭게 표현하고, 나아가 이러한 자기 직시를 통해 꾸준히 계발해 나가는 것이야말로 최고의 지성이며 아름다움일 것이다.

동시에 그것은 남자들에게도 귀엽고 사랑스럽다는 느낌을 갖게 하고, 나아가 남자들의 심금을 울려 주게 된다는 사실을 잊지 말기 바란다.

애정은 성적 매력에서 좌우된다

남성이 여성에게 끌리는 것은, 결국 성적 매력 때문이다.

인간성이 어쩌니, 인격이 어쩌니 하는 것도 따지고 보면 겉치레에 불과하다. 상대가 이성이라는 성적 요소를 제외하고 나면 남는 것은 하나도 없다. 애정은 오직 성적 매력에 의해 좌우된다.

한 예로, 절해 고도에 남녀 단 두 사람만이 있다고 가정해 보자. 두 사람은 얼마 안가서 서로 결합하게 될 것이다.

그것은 신이 모든 피조물에게 부여한 특권이자 가장 자연스런 결과이기도 하다. 물론, 다른 여러 요인들이 작용하기도 하겠지만, 가장 큰 요인은 역시 이성간의 성적 충동에서 기인한다.

우리는 여기서 프로이트의 정신분석학을 빌리지 않더라도 성적 충동이야말로 남녀를 결합시키는 원천이라는 사실을 발견하게 된다.

그럼에도 불구하고, 인간은 어쩔 수 없이 사회 속에서 집단적인 생활을 영위하지 않으면 안 된다. 홀로 고립되어 독립적으로 살아 갈 수 있는 공간은 몇몇 종교적인 예를 제외하고는 존재하지 않는다.

인간 세계는 조직적이고 체계적이며, 일정한 유형의 문화를 가지고 있다. 그렇기 때문에 남녀 사이의 관계도 성적 충동만으로는 이루어질 수 없다.

문화는 좋고 나쁘고를 판단할 수 있는 가치의 척도를 인간 각자에게 부여하였고, 이러한 가치 판단에 의해서 남녀는 각자에게 알맞은 상대를 선택하게 되는 것이 보편적인 인간의 세계이며, 성적 관계 또한 이러한 일정한 세계의 틀 속에서 한정적으로 행해진다.

그래서 연애도 단지 성적 충동에 의해서 이루어지는 것이 아니라, 그 과정 속에 여러 요소가 끼어 들어서 사랑의 방해물로 등장하는가 하면, 또 어느새 사랑을 부채질하는 요소가 되기도 한다.

연애가 진행되면 진행될수록 점점 복잡해져서 끝내는 어찌해야 할지 도무지 알지 못하게 되는 수도 있고, 끝간 데를 도저히 알 수 없는 미로처럼 이리저리 헤매다가 제풀에 주저앉고 마는 경우도 있으니, 이것이 바로 사랑의 아이러니다. 그러니 각양각색의 연애 이론서가 도처에 나뒹구는 것도 무리가 아니다.

그럼에도 연애의 원천은 성적인 욕구에서 비롯된다고 나는 주장하는 바이다. 사랑하는 상대를 자신에게로 끌어당기는 최대의 무기는 다름아닌 성적 매력이기 때문이다. 혹자는 이 주장에 오류가 있다고 지적할지도 모른다.

그러면 여기서 서술의 방향을 약간 돌려보기로 하자.

과연 성적 매력이 넘치기만 하면 사랑의 승리자가 될 수 있을까? 결코 그렇지 않다. 남성 잡지의 표지 모델로 섹시한 여자의 누드, 혹은 얇은 속옷만 걸친 사진이 있다고 하자.

한껏 성적 매력을 과시하면서 남성들을 유혹의 눈길로 응시한다. 부푼 가슴과 매끄럽게 흘러내린 몸의 굴곡만으로도 남성들의 시선을 빼앗고도 남음이 있을 것이다.

그러나 그것이 진정한 애정일 수는 없다. 남자의 욕망의 대상이 되었다고 해서 연애를 하고 있다고 여기는 것이야말로 팔불출이다.

사랑을 하거나 사랑을 받기 위해서는, 단지 여자의 성적 매력을 무기 삼아 남자의 성적 욕구를 자극해서는 안 된다.

남자의 마음 속에서 일어나는 심리적 작용을 먼저 알아야만 한다. 성적 매력을 어떻게 표현하고 어떻게 상대에게 전달할 것인가 하는 것이 무엇보다 중요하다.

2 ——————— **발가벗은 여자는 아름답다**

본성에서 나오는 표현이 남자의 시선을 끈다

　여자가 여체의 매력을 발산하는 것도
무익하지는 않다. 흔히 말하듯이 '여색'이
그것인데, 사랑의 원천임은 이미 앞에서 여러 번
밝힌 바 있다.

　문제는 여색을 표현하는 방법이다.

　세계적인 섹스 심벌로서의 마릴린 먼로는
고전적 존재이기는 하지만, 엉덩이의 풍만한
곡선을 과시하며 걷는 특유의 '먼로 걸음'은
아직도 여전히 먼로 팬들의 가슴에 강렬한
인상으로 남아 있다.

　그렇지만 스크린을 통해서 연출할 때와
실제 생활의 경우는 아주 다르다. 만약 주변에
있는 여성이 일상 생활에서 그런 강렬한 색채를

드러낸다면 어떻게 되겠는가.

남자는 우선 호기심 어린 눈으로 바라보겠지만, 내심으로는 미쳤거나 성에 굶주린 속된 여자라고 생각할 것이다.

여성적 매력을 한껏 발산한답시고 노출이 심한 옷을 입고 남자들 주위를 마음껏 활보해 보라. 남자들의 시선이 머무는 것도 잠시뿐, 어느새 그들의 마음 속에는 '이 여자는 색녀다'라는 멸시의 정의가 이미 내려져 있기 마련이다.

그리하여 남자는 이런 여성을 가볍게 보고 '되면 좋고 안 돼도 그만'이라는 식으로 한번 희롱이나 해 보자고 이리저리 추근거리게 되니 추태도 보통 추태가 아니다.

이렇듯 애정이 우리 인간들의 일상 속에서 언제나 성을 따라 움직이는 것은 아니다. 오히려 사업장에서는 남녀간의 관계도 성과는 전혀 다르게 전개되는 것이 보통이다.

그러므로 사업장에서 지나치게 성적 매력을 드러내는 것은 장소와는 전혀 어울리지 않는 행동이기도 하다.

전라만큼 성을 자극하는 것도 없겠지만, 어느 한 부분만을 노출하는 것이 훨씬 매력적일 경우도 있다. 그러나 이러한 종류의 남녀 관계는 일상 생활에서 관계되는 성과는 상당한 거리가 있다. 성인 전용 나이트 클럽에서 행해지는 쇼와 진정한 사랑 사이에는 엄연한 벽이 존재하기 때문이다.

이제 다시 술집 마담 이야기로 돌아가 보자. 그녀는 확실히 의외성의 명인이라고 할 수 있을 것이다. 그 의외성을 통해 고객의 마음을 사로잡는 것이 상술의 무기다.

술집은 술을 마시는 장소이기는 하지만, 동시에 그것이 전부는 아니다. 남자는 은근히 성에 대한 기대를 품고 찾게 되는 것이 이른바 술집이다.

술을 마시는 것만이 목적이라면 집이나 목로 주점이면 충분하다. 젊은 여자가 있는 술집에까지 가서 비싼 술값을 낼 이유가 어디 있겠는가.

마담은 그러한 남자의 은근한 기대에 쉽게 응하려 하지 않는다. 그러나 어떤 기회에 뜻밖의 얼굴로 여성의 연약한 면을 살며시 내비치면서 상대에게 한없이 기대지 않으면 안 될 만큼 나약한 여자로 돌변할 때 남자는 숨을 죽이도록 매료당한다.

육체의 과시는 가장 알기 쉬운 부분이다. 가슴의 볼륨을 살짝 드러내는가 하면, 옷 속에 감춰진 살갗을 언뜻언뜻 내비치면 목석이라도 반하지 않을 수 없다.

이러한 술수야말로 마담 특유의 사업적인 고도의 기교다. 그렇다고 마담의 기교가 누구에게나, 그리고 언제 어디서나 통하는 것은 절대 아니다.

이 경우는 그녀가 의도하는 무대와 환경이 효과적인 장치로 작용했기 때문에 가능할 수 있는 것이다.

이와는 반대로 사무실에서는 남자가 성적 관심을 가지고 같은 직장 동료인 여성을 대하는 일은 거의 없다. 십중팔구는 감히 생각지도 않는다.

그런 공적인 장소에서 마담 같은 색깔을 연출한다 해도 자연스런 관계는 결코 성립되지 않을 것임은 자명한 일이다.

그러나 우리가 이 마담을 통해서 알 수 있는 것은, 성적 매력을 표현하는 데는 육체적인 요소보다 심리적 요소가 훨씬 효과적이라는 점이다. 그것도 자주 표현하는 것보다 의외성을 느끼게 하는 편이 한층 더 인상 깊다는 사실을 명심하기 바란다.

요점은 한 가지다. 일상 생활에서는, 특이하게 보이려고 하면 할수록 부작용만 커진다는 점이다. 단세포처럼 아름답게 보이려는 마음가짐만으로도 충분하다. 자연스럽게 창출되는 아름다움, 그 아름다움이야말로 당신을 여자답게 만드는 제1 요소다.

의식적인 노출이나 표현은, 평상시에는 억지로 조작한 것처럼 보여서 오히려 경박하게 만들어 버린다. 다시 한번

강조하거니와, 이런 의식적인 행위를 통해서는 절대로 연애가
성립되지 않는다.

　　오직 본성에 의한 자연스런 표출만이 당신의 여성적 매력을
배가시켜 줄 것이다.

융통성 없는 여성의 진실과 거짓

상표나 유명 이름 같은 권위에 의지하려는
경향과 마찬가지로 대부분의 여성들은 대세에
처지지 않으려는 경향을 가지고 있다.

그 좋은 예가 패션일 것이다. 나는 패션 감각은
없지만, 최근처럼 패션이 다양하게 전개되는
경우는 보지 못했다.

물론, 인간의 체형이나 기호가 각기 다르기
때문에 패션의 다양화가 자연스런 인간 욕구의
산물일지 모른다. 다만 이러한 다양화 현상이
너무 두드러지기 때문에 약간의 우려를 갖지 않을
수 없다.

'빅 패션'이 유행하면 모두가 빅 패션이요,
'아메리칸 캐주얼' 하면 너도 나도 아메리칸

캐주얼 일색이니 이러고도 유행의 범람을 염려하지 않을 수 있겠는가.

요즘에는 남자들까지도 아주 사치스러워져서 패션에 많은 관심을 가지게 되었지만, 그럼에도 여전히 여성들의 유행병에는 훨씬 못 미치니 그나마 다행스런 일이라고 자위를 해 보기도 한다.

이러한 유행병은, 곧 '대세에 처지고 싶지 않다'고 하는 여성 특유의 성향에서 비롯된다고 보는 것이 좀더 타당하다고 하겠다.

여성은 유행에 빠져들기 쉽다. 유행이란 한마디로 대중을 지배하는 거센 물결과도 같아서, 일단 이러한 유행병에 걸리기만 하면 마치 자신은 물결의 안전권 안에 있기라도 한 듯이 그 속에 안주하면서 결코 굴레에서 벗어나려고 하지 않는다.

최근의 여러 잡지들, 특히 여성 잡지는 독자들의 호기심과 판매 부수를 늘리기 위한 방편으로 독자 여론 조사에 열심이다.

TV 시청률을 늘리기 위한 방편의 하나로 옴부즈맨 제도를 도입하여 각종 기획 프로그램에 대한 시청자의 참여 기회를 확대하는 것과 마찬가지로 잡지의 내용에 있어 어떤 기획이 좋고, 어떤 기획이 나빴는지를 끈질기게 조사한다.

그러나 잡지사 측에서는 여러 기획 기사에 대해 이렇게 열심히 조사를 하면서도 한 가지 점에서는 전혀 독자를 신용하지 않는다. 섹스 기사가 바로 그것이다.

요즘의 여성 잡지에 게재되는 섹스 기사는 참으로 대단하다. 이렇게 노골적으로 써도 되는지 의심이 갈 정도다. 그런데도 독자 조사에서는 어느 여성 잡지를 막론하고 섹스에 관한 기사는 평을 하지 않는 것이 불문율처럼 되어 있다. 하지만 독자의 반응은 별로 신통치 않다.

반면에, 독자 조사에서 가장 평판이 좋은 것은 언제나 유명 인사의 품격 높은 인생론적 에세이로 나타난다.

그러나 천만의 말씀이다. 고지식하게 그 평을 믿고 인생론적 에세이로 지면을 늘리고 섹스 기사를 줄이면 판매 부수는 금방 떨어지고 만다. 잡지사 측에서도 이러한 사정을 누구보다 잘 알고 있다.

따라서 섹스 기사에 대해서는 조사 결과를 무시하고 편집한다. 품격 높은 에세이는 다만 식후 디저트 정도로 생각해서 섹스 기사 사이에 약간 필요한 만큼 끼워 넣는 정도로 충분하다고 여긴다.

섹스 기사는 곧 추잡하다고 하는 고정 관념은, 현재와 같이 성에 대한 개방이 진전된 사회에서도 여전히 무너지지 않고 있다. 섹스 기사에는 모두가 큰 관심을 가지고 있지만, 나 자신은 그러한 섹스 기사에 무관심하다는 의미에서 진심과는 달리 겉으로는 전혀 관심을 드러내지 않는다는 점이다.

그렇지만, 여성 잡지의 경우에는 독자의 관심이나 무관심과는 상관없이 섹스 기사를 실어야만 판매 부수가 올라간다.

그러면 이러한 고정 관념이 남녀의 교제 속에 끼어들면 어떻게 될까. 참으로 귀찮게 된다. 일면식이 있는 어떤 청년이 불평을 토로하는데, 그 내용인즉 이렇다.

선을 봤는데 상대 여성은 대단한 미인이었다. 결혼이야 어찌되든 우선 교제를 하고 싶은 마음이 일어 몇 번 만나다보니 뜻밖에도 이상한 방향으로 꼬여 들어가더라고 진저리를 쳐가며 말하는 것이었다.

두 사람이 어디서 만나기로 약속하고, 그가 그곳에 도착하면 언제나 그로부터 5분 뒤에 그녀가 나타난다는 것이다. 물론, 그녀가 먼저 와 있을 때도 있었다.

그런데도 그녀는 청년이 도착하는 것을 숨어서 지켜보고

나서는 마치 이제 막 도착한 것처럼 모습을 드러낸다는 것이다.
이미 그도 그러한 사실을 알고 있었다.

　"처음에는 그렇게 하는 것도 귀엽다고 생각했어요. 아무튼
미인이었으니까요. 그러나 번번이 그러는 데는 화가 나지 않을
수 없더군요. 그래 충고를 해주고 싶어졌지요. 하나를 보면
열을 알 수 있다고 그녀가 그렇게 하는 것이 무슨 당연한 일처럼
여겨지는 듯해서 한번 그녀에게 물어봤습니다. 그랬더니 글쎄,
'어머, 남녀가 서로 만날 때는 으레 여자가 뒤에 오는 거예요.
남자보다 먼저 와 있으면 참으로 이상하지 않겠어요?' 하는 것
아니겠습니까? 저는 정말 아연했습니다. 제가 불쾌하게 여겨도,
그녀는 여전히 '당신이 이해하지 못하니 어쩔 수 없다'는 투로
대하니 점점 그녀가 싫어질 수밖에요. 그녀에게는 그런 생각이
이미 고정 관념화되어 있었던 겁니다. 그래도 그것은 저리
가라예요. 그녀의 행동 하나하나에 고스란히 그런 고정 관념이
담겨 있는 겁니다. 솔직함이란 눈을 씻고 들여다봐도 찾을 수가
없더군요. 만약 이런 여자와 결혼하게 되면 참으로 암담해지지
않겠어요?"

　청년은 내게 이렇게 고백했다.

　내가 보기에 그녀는 어떤 면에서는 자존심이 남달리

강한 여자로 보인다. 그럼에도 우려하지 않을 수 없는 것은 고정 관념이란 대체로 자존심이란 너울을 쓰고, 그것이 마치 견고한 자기 정체성이라도 되는 듯이 확고한 형태로 나타나기 때문이다.

어떤 사안에 대해서 자기 나름의 확고한 신념을 가진다는 것은 격려할 만한 일이다. 무엇보다도 이렇듯 확고한 자기 신념을 가진다는 것은 대단히 어렵다.

대다수의 사람들은 자신의 고정 관념이 확신인양 생각하는 경우가 있는데, 이러한 오류야말로 우리가 조심하지 않으면 안 될 내면의 적이라는 사실을 깨달아야 한다.

여성의 경우, 특히 젊은 여성들에게는 이러한 경향이 강하기는 하지만, 여전히 그들은 꿈을 가지고 살면서 내면의 공간을 무한히 넓혀 갈 수 있는 존재들이다.

부드럽고 넉넉한 가슴으로 타인의 존재를 받아들이면서 하나하나의 고정 관념을 타파해 갈 때 진정한 자기 확신과 자존의 영역을 확보할 수 있다고 생각한다.

솔직한 자기 표현과 타인에 대한 긍정적 개방이야말로 여성다움의 상징이 아니겠는가.

이럴 때 남자는 여자에게 싫증이 난다

　　타올 회사의 디자인실에 근무하는 여성이 있었다.

　　나는 타올 디자인에 대해서는 흥미도 없고 아는 것도 없지만 색채나 모양에 따라 매출량이 늘었다 줄었다 한다고 하니 그녀의 업무가 중요한 일인가 보다.

　　그 부서에 남자 사원이 새로 들어왔다. 업무상으로는 그녀보다 후배이기는 해도, 정규 대학을 나온 뒤 다시 2년간 전문 디자인 공부를 했기 때문에 나이로 보면 그녀보다 연상이다.

　　단지 실무 경력이 없어서 그녀가 여러 가지로 도와주곤 했는데, 입사해서 얼마 뒤 그녀가 고안해 낸 색상에 대해 그저 지나가는 투로 그가 한마디 했다.

　　"그리 좋지는 않은 것 같은데요?"

　　별로 대수롭지 않은 말이었는데, 그녀에게는 그 한마디가 그야말로 충격이었다.

"무슨 소리야!"

마치 신참 주제에 무엇을 안다고 찧고 까부느냐는 듯이 반문하는 것이다. 신참에게 한 방 호되게 얻어맞았다는 생각에 자존심이 상했던 모양인지 이후로는 사사건건 트집을 잡고, 자신이야말로 이 분야의 권위자라는 듯이 대하는 것이 아닌가.

디자인은 감각에 의해서 크게 좌우되는 분야이기도 하다. 특히 이런 종류의 감각은 노력에 의해서 하루 아침에 이루어질 수 있는 성질의 것이 아니라, 다분히 선천적인 재능을 필요로 한다.

그의 감각이 아주 뛰어나다는 것은 그녀도 어느 정도 알고 있었다. 그러나 그것을 인정하고 싶지 않았다. 그 분야에서는 자신이 선배인데, 신참이 건방지게 이의를 단다는 사실이 못마땅했던 것이다.

이렇게 되면 고집이 되어버린다. 그의 일거수 일투족이 눈에 거슬리고, 말이나 행동거지가 모두 마땅치 않다. 스스로도 처치 곤란할 정도로 외고집이 되어서는 옳든 그르든 상관하지 않고 그가 하는 일이라면 무엇이든지 기를 쓰고 반대하고 싶어진다.

실은 나도 그 여성을 알지 못한다. 다만 남자 신입사원을 알고 있을 뿐이다. 그의 이야기를 결론 삼아 들어보자.

"나에 관한 일이라면 무엇이든지 비틀고 헤집어 왜곡된 눈으로 바라보는 것입니다. 참으로 아니꼬운 사람과 함께 동료로서 일을 하게 된 겁니다. 한마디로 재난이지요."

올바른 직감이 여자를 성장시킨다

　이제 솔직하다는 말의 정체가 어느 정도 분명해지는 듯하다. 인간은 누구나 '자신'을 가지고 있다.

　자신의 눈으로 보고, 자신의 귀로 듣고 자신의 혀로 맛보고, 자신의 코로 맡으며, 자신의 몸으로 느낄 수 있다.

　이것을 오감이라 하는데, 직감과 통한다. 사물의 진상을 순간적으로 포착해 내는 능력, 이것이 바로 직감이다.

　생각해 보면 솔직하다는 것만큼 간단한 것도 없다. 이 직감을 그대로 표현하기만 하면 되는 것이기 때문이다. 그런데 이것이 뜻밖에 어렵다.

　세상의 권위에 의지해서, 혹은 유행이나

풍조에 따라서 하찮은 일에도 구속당하고, 느낀대로 받아들이려 하지 않는다.

누군가 다른 사람이 느낀 것을 마치 자신이 느끼고 경험한 것처럼 이야기하고, 심지어는 스스로에게도 그것을 강요하여 결국은 자신의 주체성을 상실하고, 타인의 노예로 전락하는 어처구니 없는 경우도 생긴다.

특히 여성에게 이러한 경향이 강하다는 것은 앞에서도 지적한 바 있다. 그러면 당신의 경우는 어떠한가?

"아니오. 나는 내가 느끼고 생각한대로 말하고 행동합니다."

많은 사람들은 이렇게 대답한다.

특히 요즘의 젊은이들은 자기 자신을 강조하는데 익숙해져서 그렇게들 말한다. 하지만 실제로 그럴까? 한번 깊이 생각해 볼 일이다.

의외로 어떤 책에서 읽은 것, 방송에서 누가 이미 말했던 것, 친구가 했던 얘기 등을 마치 자기가 느끼고 생각했던 것으로 단정해 버리는 경우가 많기 때문이다.

그런 것들에 현혹되지 말고, 무엇보다도 먼저 자신의 직감을 소중하게 여길 줄 아는 지혜가 필요하다. 이것이 솔직해지는 지름길이다.

이렇게 말하면 너무 간단해서 싱겁기까지 하다. 실제는 좀처럼 그렇게 되지 못한다. 말은 쉽고 행하기는 어려운 법이다. 그것이 문제다.

역시 단단히 결심하지 않으면 안 된다. 직감에도 높고 낮음, 무겁고 가벼움이 있다. 즉 느낌의 정도, 강약이 있다는 말이다. 바로 여기에 함정이 있다.

자신의 느낌이 너무 가볍다고 여길 때 스스로에 대한 혐오감 내지는 자괴감에 빠지기도 하고, 자신의 직감을 무시한 채 이것저것 다른 데서 빌려 와서 마치 자신의 것처럼 생각해 버리는 경향이 있는데, 이것을 경계하지 않으면 안 된다.

온통 타인의 생각으로 자신을 도배하고 채색하고 나면, 있어야 할 나는 없고, 타인들만이 나의 껍데기 안에서 서로의 향연을 즐기는 꼴이 되고 만다. 이때 나란 존재는 껍데기요, 허수아비일 뿐이다.

그러니 이미 빌려 온 것이 있다면 과감히 돌려 줘라. 빌린 물건으로 자기를 꾸민들 진정한 자기의 모습일 수는 없을 것이 아닌가.

자신을 직시하라. 다시 한 번 결심을 굳히고 스스로를 응시 하라. 그리고 둘러보라.

어느 것이 진짜이고 가짜인지 당신의 직감은 알아낼 것이다.

진실로 당신의 감각이 자극을 받을 때 당신은 솔직해지고, 어느새 자유로워진 자신의 모습을 발견할 수 있을 것이다.

그때 비로소 당신은 차츰 변화하는 자신을 발견하게 된다.

그것은 당신이 이미 성장하고 있다는 증거이다.

자신의 눈으로 보고, 귀로 듣고, 입으로 맛보고, 코로 맡고, 몸으로 느끼면서 당신의 내면 속을 자유로이 넘나들 수 있는 단계로 나아가고 있는 중이다.

발가벗은 여성은 아름답다

생각해 볼 것도 없이 인간의 본성은 솔직하다.
다만 그 솔직함이 여러 차용물에 의해서 덮이고
가리워져 드러나지 않을 뿐이다. 그러니 약함만을
탓할 수도 없는 일이다.

우리는 타인들과 여러 가지 관계를 맺으면서
살아가지 않으면 안 되는 사회적 동물이다. 싫든
좋든 남을 의식하게 되고 남과 비교하게 된다.

그러므로 때로는 솔직하지 않으면 삶에서
이탈되기도 한다. 솔직한 것이 진정한 미덕이기
때문에 그런 이유도 있지만, 실생활에서도
우리는 자신의 직감과 틀린다는 사실을 잘 알고
있으면서도 자기 느낌인양 말하는 경우가 있는데,
이러한 생각은 버려야 한다.

그러기 위해서는 무엇보다도 결연한 각오가 필요하다. 자기가 느끼고 있는 감정 그대로를 인정하고 표현하는 것, 그것이 솔직함이다. 하지만 인간 관계에서 이러한 행동이 어렵다는 것을 알고 있다. 말처럼 쉬운 일이 어디 있겠는가.

권위에 의지하고, 자만심에 얽매이며, 차용물로 위장하지 않으면 복잡다난한 사회에서 살아나가기 힘든 현실이라는 것은 우리 모두가 인정하는 바이다. 그러나 그렇다고 해서 나약한 모습으로 안주할 수는 없다.

특히 남녀 관계에서는 솔직함이 때에 따라서는 매우 중요한 위치를 차지한다. 솔직하다는 것은 자신을 발가벗긴다는 의미이다. 그러므로 발가벗는 여성은 언제나 아름답다. 자신을 있는 그대로 솔직 담백하게 표현할 줄 아는 여성이야말로 현명한 여성이다.

자기 자신의 감정을 그대로 내비쳐 보라. 당신을 사랑하고 있는 남성을 향해서 용기를 가지고 자신을 표현한다는 것, 그 것만큼 아름다운 고백, 아름다운 사랑도 없다.

그러나 대개의 경우 좋아하는 사람이 생기면, 단점은 감춘 채 자신의 장점만 드러내려고 한다. 무엇보다도 연애가 막 시작되었을 무렵에는, 자신을 아름답게 꾸미고 치장해서 상대에게 잘 보일 수 있는 온갖 수단을 동원한다.

일시적으로는 그것이 효력을 볼 때도 있을 것이다. 그러나 장기적인 안목에서 보면, 결국은 불행의 씨앗이 되고마는 경우가 더 많다.

꾸미기보다는 차라리 당신을 발가벗겨라. 있는 그대로의 당신 모습으로 마음의 문을 활짝 열고 자신의 직감대로 움직이라. 그러는 편이 훨씬 유익하다. 이것은 온전히 정신적인 것이다. 마음과 마음으로 통하는 관계의 아름다움을 신뢰할 수 있다면, 그것으로 이미 당신은 아름다운 여성이다.

타올 회사의 디자이너 말대로 남자는 본질적으로 여성에게 약한 존재이다. 그러니 진심에서 우러나는 여성의 아름다움 앞에서야 말할 것도 없지 않겠는가.

문제는 그 솔직함을 어떻게 표현하는가에 있다. 상대에게 제대로 전달하지 않으면 아무런 의미도 없다. 테크닉, 즉 기교가 필요한 것이다.

그렇지만 여기서 말하는 테크닉이 의식적인 기교를 뜻하지 않음은 여러분도 알고 있을 것이다. 솔직함에 기교를 부린다는 것 자체가 모순이기 때문이다.

평상시의 당신은 어떤 차용물에 둘러싸여 있을지 모른다.

뒤틀려 있을지도 모르며, 혹은 쾌활하다거나 명랑하다는 것으로 당신을 위장하고 있는지도 모른다.

그것이 마치 자신의 본성이자 바탕인 것처럼 여김으로써 자신조차도 그것의 진위를 모르게 되는 경우가 있다. 그것이 진실로 나쁘다거나 좋다고 말할 수도 없다.

어쨌든 그것이 당신의 평상시 모습이다. 어느 순간이라도 좋으니 한번 과감히 벗어 던져보라. 의지할 것은 당신의 직감뿐이다. 자신을 신뢰할 수 있으면 당신의 직감도 신뢰할 수 있다. 상대가 어떻게 생각하고, 어떻게 행동할 것인가 하는 생각 따위는 아예 하지도 말라. 부끄러워하거나 두려워하지도 말라. 당신의 사랑이 달아나기 때문이다.

용기를 가지고 가슴을 펴고 몸을 꼿꼿이 세우고 직감에 날개를 달아보아라. 당신의 사랑이 다가 온다.

응석을 부리고 싶으면 응석을 부리고, 부탁하고 싶으면 부탁을 하라. 불의의 솔직함이 신선한 사랑의 불꽃으로 타오른다.

여자일 수 있을 때 여자답고, 아름다울 수 있을 때 더욱 아름답다. 이때 비로소 당신의 매력이 충만해진다.

마음이 보이지 않는 것을 두려워 하라

　왜 여자가 용모에 많은 구속을 당하는지는
구구하게 설명할 필요가 없을 것이다. 그것은
항상 남자를 염두에 두고 있기 때문이다.

　연애 감정은 일반적으로 남자는 여자를,
여자는 남자를 대상으로 해서 시작된다는 점에서
상대성을 가진다. 그렇다고 해서 이성은 아무라도
좋다고 하는 따위는 그저 성충동에 불과 할 뿐
진정한 연애 감정이라고 말할 수는 없다.

　단지 성적 욕구를 충족시키기 위한 수단으로서
뿐만 아니라, 정신적으로도 완벽한 합치를
이루고자 할 때 비로소 연애는 성립된다. 그런
의미에서 연애는 육체와 정신이 상호 조화를 이룬
남녀간의 관계로 보는 것이 타당하다고 하겠다.

따라서 수많은 이성 가운데서 자기에게 맞는 상대를
선택하는 것이 연애의 첫걸음임은 말할 필요도 없이 명백하다.
물론 선택의 기준에 정신과 마찬가지로 용모 또한 어느 정도
무게를 가지고 있음도 물론이다.

그러므로 정신적인 면을 무시할 수 없으나 정신만으로
연애가 성립되지도 않는다. 더구나 정신은 우리 눈으로
가늠하기가 어렵다.

하지만 육체적인 면은 겉으로 보기만 하면 알 수 있으니,
용모가 차지하는 비중이 어느 정도인가 짐작하고도 남음이
있다.

그러나 현대 산업사회의 성격상 남자에게는 사업상의
능력이나 사회적 지위, 재산, 수입 등에 비교적 많은 무게가
실리므로 용모의 중요성이 그만큼 줄어든다.

반면에 여자의 경우에는 여전히 용모에 많은 무게가 실리게
되는데, 이는 대개 여성들이 직감적으로 알고 있는 것들이다.

그러므로 용모에 구애되는 것은 당연하다고 하겠다.
용모에 콤플렉스를 가지고 있는 여성이 많은 데는 다 그
나름대로의 이유가 있기 때문이다. 그런 여성을 향해 하찮은
일에 끙끙대거나 걱정하지 말라고 하는 것은 어쩌면 지나치게

독단적인 해법일 수도 있다.

　여성이 용모에 많은 관심을 기울이는 중요한 이유 가운데
하나는, 남자에게 호감을 사기 위해서다. 남자에게 호감을
주고, 그리하여 서로 사랑하게 되어 결혼해서 행복하게 사는 것.
이것이 용모에 관심을 가지는 가장 큰 이유다.

　바로 그것이 여성의 본질이다.

여자의 이상과 남자의 호감은 전혀 다르다

그런데 많은 여성들은 자기의 키가 작다든가,
몸이 뚱뚱하다든가, 얼굴이 밉다든가 하여 용모에
자신감을 가지지 못하고 고민한다.

또한 대다수의 여성들은 날씬해지고 싶다는
생각을 가지고 있는데, 특히 하나의 이상적
이미지를 미리 정해 놓고, 그 이미지에서 벗어난
부분에 대해 자신감을 잃고 있는 듯하다.

즉 여배우라든가 탤런트, 혹은 잡지 표지 모델
등 무의식적인 기준에 따라 자신과 비교함으로써
잣대로 삼는 경향이 짙다.

그런 대중 매체에 나오는, 눈에 잘 띄는
여성과 자신을 무의식적으로 비교해서 더
날씬해져야겠다는 생각을 품는 것이다. 확실히

남자들은 여배우나 탤런트의 이름을 대며, '누가 더 좋다'는 식으로 말하곤 하는 버릇이 있는데, 이보다는 여성들의 경우에 남자 배우나 탤런트에 반해 버리는 경향이 더욱 짙은 듯싶다.

당신에게도 좋아하는 배우나 이상적인 인물이 있을 것이다. 그러면 당신은 무엇을 기준으로 해서 그 인물의 팬이 되었는가 한 번 생각해 보라.

그것은 무엇보다도 용모 때문일 것이다. 하지만 그 이상적 인물이 어떤 인격의 소유자인지는 알 도리가 없다.

당신이 좋아하는 유형의 용모를 지닌 사람에게 정신적 이미지까지 좋게 덧씌워서 우상으로 만들어 버리는 것이다. 그러나 이러한 이미지는 대상의 실체와는 전혀 관계가 없다. 탤런트나 배우 자신도 이러한 사실을 잘 알고 있어서 오히려 이러한 면을 강조하여 팬들에게 인기를 얻는 수단으로 이용한다.

자신의 이미지가 탤런트라는 실체와 전혀 틀리더라도 상관없다. 다만 하나의 상품 가치를 지니고 있기만 하면 그만이다. 연예 잡지도 마찬가지다.

중요한 것은 진실이 아니라, 인기 스타가 많아야 한다는 사실이다. 그래야 잡지가 잘 팔릴 것은 불문가지다.

다시 말해서 스타와 팬을 연결시켜 주는 것은 이미지라는 가공의 픽션인 것이다. 한편 이러한 이미지가 훼손될 때 세간의 화제거리로 등장한다.

순정파 탤런트가 사생활에서는 아주 문란한 이성 관계를 가지고 있다는 것 따위 등이 좋은 예다.

이때 팬들은 감히 배신당했다고 화를 내면서 스타로부터 눈을 돌리지만, 이러한 배신감을 느끼는 것 자체가 이미 어리석은 짓이라는 점은 알지 못한다. 우상의 이미지가 본래 허구였다는 것. 그 사실을 자각하지 못하기 때문이다.

남자들이 여배우나 탤런트에 대해서 예쁘다든가, 좋아한다고 하는 것은 그러한 허구를 이미 알고 있으면서도 그저 유희의 대상으로 삼는 것에 불과하다. 즉 많은 남성들은 탤런트의 가식과 현실을 구별하고, 또 그 벽을 철저히 인식하면서 즐기는 것이다.

그러므로 당신의 애인이 탤런트 누구 누구가 좋다고 하더라도 당신이 그녀처럼 되려고 애쓸 필요는 없다.

탤런트 아무개가 좋다고 하는 남자의 애인이나 아내가 과연 그 탤런트와 같은 용모를 하고 있는지를 보면 더욱 분명해진다. 아마 남자들 가운데도 허구와 현실을 구별할 줄 모르는 사람은 없을 것이다.

　그러나 그런 남자는 유희의 즐거움을 모르는 낮은 수준의
남자가 분명할 것이니 그냥 내버려두는게 좋다.

　그러므로 무작정 날씬해지고 싶다든가, 키를 키우고
싶다든가 고민하는 것은 어리석은 일이다.

단 한 사람의 남자를 찾아라

용모의 기준을 한 유형으로 잡는 것은 어떨까.
용모에 대한 여성들의 바램은 한결같이
날씬하게 팔등신으로 통일되어 있는 것을 보면
마치 하나의 표준형이 정해져 있는 것으로
생각되는데, 이러한 경향은 아무래도 남성을
오해하고 있는 데서 비롯된 듯싶다. 여자에 대해
느끼는 남자들의 생각은 천차만별이다.

예나 지금이나 어떤 계층을 막론하고
남자들만이 모이는 장소에서는 빠짐없이 여자에
대한 얘기가 나오게 마련이다.

이런 여자는 재미있고, 또 이런 여자는
매력적이라는 등 여자에 대한 비평으로부터
시작해서 온갖 요설이 난무하게 되는데, 이 또한

남자들의 습성이다.

실로 멋대로의 주장들이 무성하다. 잠깐만 들어봐도 다종다양하다는 것을 알 수가 있다.

실제로 내 친구들과 농담 삼아 얘기를 해보면. 정말로 십인십색, 한 사람 한 사람이 다 제각각이다. 제3자에게는 어디가 좋은지 짐작도 할 수 없는 부분들이 각자에게는 하나의 기호로 작용하는 경우가 허다하다는 것이다.

내 친구 가운데는 여자의 발이 작아야 좋다는 의견이 있는가 하면, 반대로 커야 좋다는 사람도 있었다. 이처럼 기호는 개성이나 환경, 또는 경험에 의해서 생기는 것이다 그러므로 제3자로서는 알 수 없는 것이고, 이러쿵저러쿵 장담하듯이 말할 수도 없지 않은가.

이처럼 남자들의 기호가 각양각색인데, 이상적인 이미지를 미리 획일적으로 정해 두고, 그보다 못한 자신의 용모에 대해 가슴 아파하거나 자신감을 상실한다는 것은 일종의 넌센스다.

살을 빼기 위해 식사까지 거르면서 병자처럼 우울한 나날을 보낸다거나, 약물이나 기구 등을 사용해 필사적으로 노력해 본들 잘 될 턱이 없다. 고생만 실컷 하고나서 깨우치느니 아예 하지 않는 것이 오히려 속 편한 일이다. 자신의 결점을 의식하고

그것을 곧바로 고치려고 하는 생각 자체가 너무나 어리석은
짓이다.

피부색이 검은 사람이 그것을 커버하려고 하얗게 분을
바르면, 보는 사람마다 이상하게 생각할 것이다. 그보다는
본바탕 그대로 장점을 찾아서 자신의 용모를 자연스럽게 보이는
것이 좋다.

오히려 적극적으로 활달하게 이성과 접촉할 기회를 갖다보면
자신에 맞는 상대가 생기게 마련이다.

연애의 첫 걸음은 좋은 상대를 선택하는 것이니 만큼 그
선택의 범위를 넓히는 것 또한 중요한 일이다.

다시 한 번 강조하거니와 행복하게 사는 것이 무엇보다
중요하다는 사실을 상기하기 바란다. 당신은 단 한 사람뿐인
남자를 선택하고, 한 남자로부터 선택을 받기만 하면 되는
것이다. 그러므로 한 남자에게 당신의 매력이 최대로
발산되도록 하라.

이렇게 볼 때 획일적인 이미지에 묶여 자신감을 잃거나
용모 콤플렉스에 빠지는 것이 얼마나 어리석은 짓인지 더욱
분명해진다.

그럼에도 불구하고 당신이 수많은 남성들로부터 인기를

얻고자 한다면 이야기는 백팔십도 달라진다. 역시 매력적이고
아름답게 보이기 위해서 기준치를 정해 두고 무리하게
다이어트를 해서라도 모양을 내지 않으면 안 된다.

여배우나 탤런트, 모델 등은 바로 이런 표준치에 가장 가까운
육체의 소유자들이다. 그러나 그들은 한 남자로부터 깊이
사랑을 받는다고 하더라도 언제나 부족함을 느낀다. 그래서는
장사가 안 되니까 만인의 사랑을 받지 않으면 안 된다.

사람들은 흔히 평균치를 제시하곤 한다. 사무직
여사원의 평균 월소득은 얼마이며, 결혼 적령기는 또 언제가
적당하다든가 해서 수치로 계산하기를 좋아한다.

하지만 그러한 수치로 나타내는 평균치는 현실적으로 존재
하지 않는다. 평균이란 허구인 것이다.

그렇다면 여배우나 탤런트, 모델의 매력이라든가 아름다움도
허구에 불과한 것이다. 그들이 스크린이나 브라운관, 또는
인쇄된 표지에서 뛰쳐나와 현실적 존재로서 움직이고 이야기
한다고 해서 그것이 한 남자를 결정적으로 끌어당길 수 있을지
어떨지는 의문이다.

다시 말해서 그들의 매력이나 아름다움은 단지 허구적으로
존재하기 때문에 그들이 현실적으로도 팬들에게 결정적인

매력의 대상이 되지 못하더라도 이상하게 생각할 필요는 전혀
없다.

그들은 개성마저도 허구로 표현한다. 예를 들어 모델의
경우를 보더라도, 그들 각자를 따로따로 떼어 놓고 볼 때는
용모나 표정이 아주 개성적인 것처럼 보인다.

더구나 요즘처럼 개성이 강조되는 시대에는 그러한 경향이
더욱 뚜렷해져서 개성적인 모델이 많아졌다는 것을 알 수 있다.

그러나 늘씬한 미녀들을 한자리에 나란히 세워 놓고 보면,
그들 대부분이 비슷하게 닮은꼴이라는 것을 금방 알 수 있고,
몸매 뿐만 아니라 얼굴 생김새까지 닮은꼴이다. 개성을 강조
하고 있다는 화장도, 아이 새도의 농도나 볼의 연지 색상도
거의가 동일하다.

이러한 사실은 개성까지도 이미 평준화되고 허구화되었다는
것을 증명해 준다.

당신이 만약 수많은 남자들로부터 귀염을 받고, 대중의
우상으로 군림하고자 한다면 그들의 모습을 흉내내도 좋다.
나름대로 인기를 얻을 수 있을 것이다.

그러나 단지 그것에만 만족할 것인가? 아양을 떨고,
귀여움을 받는 것에 당신의 일생을 맡길 것인가?

결코 그렇지는 않을 것이다. 당신은 한 남자에 대해서 결정적인 존재가 되고 싶을 것이다.

그것이 당신의 행복이며 아름다운 삶의 출발점이다.

여자의 모습이 인간적일 때 남자는 사랑을 말한다

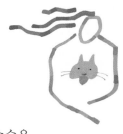

　잡지사 일 관계로, 나는 여성들이 성형수술을
받기 전과 받은 후의 사진을 몇 차례 비교해 볼
기회가 있었다. 수술을 담당한 의사는 그 방면의
권위자로 정평이 나 있는 사람이다.
　참으로 훌륭한 솜씨였다. 나는 감탄하지 않을
수 없었다. 사람들이 신기하다고 하는 게 과연
이런 것을 두고 하는 말인가 할 정도로 깜짝
놀랐던 것이다.
　그러면서도 동시에 기술적으로는 아주
완벽하고 훌륭하며 마치 예술품 같기는 하지만,
전혀 쓸데 없는 것을 만들어 사람들의 허영심을
부추기게 되었구나 하는 의구심마저 들었다.
　성형수술은, 말하자면 반영구적인 가면을

만들어 붙이는 일이다. 더군다나 한 번 붙이고 나면 다시는 떼어낼 수 없는 가면이다. 그때부터 당사자는 전혀 다른 얼굴, 위장된 얼굴로 타인을 속이고, 자신을 속이며 평생을 살아가지 않으면 안 된다.

앞에서 기술한 여성의 예가 바로 그런 경우이다.

그녀는 아름다워지고 자신감도 생겼다. 그러나 예뻐진 것은 본래의 자신이 아니다. 그녀와는 전혀 다른 누군가가 그녀의 얼굴을 대신하고 있으니 진정한 자기는 이미 존재하지 않고, 그 거짓 얼굴 위에 녹아내린 자신의 허울만이 그대로 남아있을 뿐이다.

역설적으로 들릴지 모르지만, 본래의 자신은 따로 홀로 고립된 채 존재하고 있다. 지금 뭇 남성들 앞에서 온갖 아양과 응석을 떨고 있는 자신이 가짜라는 생각을 좀처럼 떨쳐 버릴 수 없을 것이다.

혹 그러한 사실을 깨닫고 다시 자신으로 돌아가고 싶은 마음이 아무리 간절하더라도 도저히 가짜이며 허울인 가면으로 부터 도망칠 수는 없다. 가짜로 남은 인생을 살지 않으면 안 되는 것이 성형수술의 맹점이다.

이것만큼 피로하고 고통스런 일도 없을 것이다. 항상

거무튀튀한 찌꺼기나 앙금이 남아 있는 듯 속이 뒤틀리고 마음 한 구석에 무엇인가 찜찜한 덩어리가 남아 있어 가슴을 짓누르니 차마 못 견딜 지경이다.

그저 눈을 감고 아무 것도 모르는체 포기하고 살아 갈 수밖에 다른 도리가 없다. 허울에 허울을 뒤집어 쓰면서 거짓의 무게를 죽도록 경험한다.

이런 가면의 인생 밖에 창조해 낼 수 없는 성형수술의 그 위대한 가면의 기술은, 그러니 제아무리 훌륭하다고 하더라도 헛될 뿐이다.

성형수술을 한 그녀는 호스티스로서의 현재 모습이 자랑스럽다고 했다. 콤플렉스로부터 벗어난 그녀는 자신을 행복하다고 생각하지 않고는 도저히 살아나갈 수 없다는 간절함이 있었을 것이다.

그녀에게는 오히려 그것이 다행인지도 모른다. 자신을 상품화하려면 성형수술 만큼 좋은 방법도 없다. 남자들 앞에서 마음껏 자태를 뽐낼 수 있음은 물론이거니와, 그에 비례해서 수입도 증대될 테니까 말이다.

역시 연예인 얘기이기는 하지만, 그들 가운데서도 어느 정도는 이미 성형수술을 통해 용모를 바꾼 경우도 많다는 사실을 알아두기 바란다.

거듭 강조하거니와 인간이 가장 인간적으로 보일 때는 자연 그대로의 자신을 있는 그대로 표현할 때요, 꾸밈으로 자신을 덧씌워 가식의 허울로 감쌀 때가 결코 아니라는 사실을.

여자가 진정으로 아름다울 때

　　C군의 화장실 엿보기 사건 얘기다.

　　이미 친구들 사이에서는 전설적인 사건으로
와전되어 자주 얘깃거리로 등장하고는 하지만,
사실 별 신기할 것도 없는 얘기다. 화장실
엿보기라고 하니까 무슨 추잡한 이야기라도 될
듯싶지만 결코 그렇지 않다.

　　어느 날 C군은 몇몇 그룹과 함께
스키장에 갔다. 회사 동료, 학교 동창 등 남녀
혼성부대였다. 남녀 비율이 거의 비슷했는데,
하루 종일 스키를 타고 뒹굴고 마시고 춤을
추면서 밤늦도록 즐겁게 보냈다.

　　다음날 아침이 되었다. 눈썰매를 타기 위해
호텔 앞에서 모이기로 했는데, B양의 모습이

보이지 않았다.

"뭘 그리 꾸물거려?"

C군이 드디어 찾아 나섰다.

B양은 C군과 같은 회사 동료로, 그가 친구들과 스키장에 간다고 하자 함께 따라 나섰던 것이다.

방에 가 보니 문이 잠겨 있었다. 혹시나 해서 여성 화장실을 엿보게 되었던 것인데, 과연 B양이 그곳에 있었다. 누군가 틈으로 엿보는 줄도 모르고 거울을 보면서 열심히 얼굴 화장을 하고 있었다. 얼굴을 이리저리 돌려가며 화장 상태를 확인하고 있었던 것이다.

그리고는 중얼거리는 것이다.

"뭐, 이 정도면 됐겠지."

그때 그가 웃으며 소리를 지르자, 그녀가 웃으며 달려 왔다.

"미안해요."

이것이 그 엄청난 화장실 사건의 전말이다.

그러나 이때부터 C군은 그녀에게 마음이 끌리기 시작했다. 그리고 지금은 둘이 결혼해서 행복하게 잘 살고 있다.

나는 B양을 알지는 못하지만, C군이 하는 말을 들어보면 이렇다.

"국무총리를 닮았어요."

자기 아내에 대한 말이라 다소의 겸손한 표현이라는 생각도 없지 않으나 국무총리를 닮은 여자 얼굴이라면 미인이라고 할 수는 없을 것이다.

"아마 얼굴 생김새로 본다면 회사에서도 한참 처지는 측에 들겁니다."

이런 말까지 서슴지 않는다.

반면에 그는 아주 남자답고 체격 또한 늠름하다. 남성미가 넘치는 호남으로 여자들에게도 꽤 인기가 있었다고 한다.

"내가 프러포즈를 하면 즉석에서 따라 나올 여자만 해도 수두룩했지요."

반 농담이기는 하지만 수긍이 가는 말이었다.

결국은 그런 그가 끌리게 된 것은 다름이 아니라, 스키장에서 화장실을 엿보았을 때 "뭐 이 정도면 됐겠지." 하는 B양의 중얼거림 때문이었다.

그때 그녀가 더없이 매력적인 여성으로 보이더라는 것이다.

"어째서 그랬을까?"

지금도 그는 고개를 갸웃거리곤 한다.

내가 보기에는 이렇다. B양도 자신이 미인이 아니라는 것은 알고 있다. 용모에 대해서는 자신이 없는 편이었으니까.

그러나 뚱뚱한 몸매에 싫증을 느끼고 신경 과민이 되어 결국은 비만 콤플렉스에 빠져 오히려 더욱 비만이 된 여성의 경우나 성형수술을 한 여성의 경우에 비한다면, B양은 자신의 용모를 정면에서 받아들이고, 솔직 담백한 태도를 취하고 있다는 점에서 전혀 다르다.

그녀는 타인과의 비교를 통해서 자기 자신을 확인하는 것이 아니라, 있는 그대로의 자신을 들여다보고, 그것을 통해서 자신의 모습을 확인하고 있는 것이다.

"뭐, 이 정도면……"

이 중얼거림에서 느껴지는 유머와 귀염성이야말로 B양의 인간적인 면을 고스란히 엿볼 수 있게 해 주는 대목이다.

그녀 자신도 미모가 뒷받침되지 못한다는 사실에 대해 때로는 고민도 하고 많은 생각도 했을 것이다. 그렇다고 해서 그 속에 빠져 허우적거리지도 않는다. 또 자신의 현재 모습에서 벗어나 전혀 다른 자기로 변화시키려고도 하지 않는다.

오직 주어진 여건과 상황에서 자신을 가꿀 뿐, 더 이하도 이상도 아닌 그대로의 자기 모습을 사랑하는 것, 그것이 그녀의 매력이다.

나는 이런 여성을 보면 진실로 강하다는 생각을 하게 된다.

그것이야말로 지적인 아름다움이요, 현명한 여성의 현명한 자기 선택이다.

타인과 비교해 본다고 해도 결국은 더 나아질 것도 없다. 단지 남을 흉내내거나 닮아보겠다는 열망에 지나지 않는다.

갈수록 무의미해지고 콤플렉스만 증대된다. 수렁은 깊고 헤어날 길은 자꾸만 멀어진다. 허울의 굴레는 아주 화려하지만, 그 끝은 언제나 초라하고 보잘 것 없다.

성형외과 의사의 말을 들어보면 수술을 받으러 오는 여성 가운데는 수술을 하지 않아도 충분히 아름다운 사람이 많다고 하니 참으로 안타깝기 그지없는 일이다.

눈이 샛별처럼 반짝이는 여성, 코가 오똑하고 매끈한 여성 등에 비해 자신은 아직 멀었다는 생각으로 가득 차서 자꾸만 '더, 더' 하면서 용모를 뜯어 고치지만, 결과는 단지 겉치레한 모습만 낳을 뿐이다. 인간성은 메마르고 갈수록 사람다운 모습을 잃어버리니 실로 아이러니하다고 밖에 말할 수 없다.

B양은 미인은 아니다. 그러나 개성을 가지고 있다. 따라서 진실로 자신을 가꿀 줄 안다. 자신을 그대로 받아들이고, 그것을 오히려 장점으로 변화시킬 수 있는 현명함을 가지고 있다.

그것이 그녀를 유머러스하고 귀엽게 보이도록 한다. 매력이란 바로 이런 것이요, 가꾼다는 것 또한 진실로 이런 것이다.

　　길거리에서 스치고 지나가는 남자들은 그녀를 쳐다보지 않을지도 모른다. 치근거리는 남자도 없다.

　　그렇지만 상관없다. 단 한 사람의 남자가 그녀를 향해서 따뜻한 손을 내밀고 있기 때문이다. 언제나 그 손을 어루만질 수 있으며, 언제나 그의 가슴을 느낄 수 있다. 그의 체온과 그의 숨소리 하나하나. 그 모든 것 가운데 내것 아닌 것 없으니 그녀의 삶이야말로 참으로 행복하다고 하겠다.

　　C군은 입으로야 어쩌고저쩌고 하지만, 그에게는 B양이야말로 세계 제일의 미녀인 것이다.

자신을 인정하는 여자가 남자를 매료시킨다

　B양이 사랑스러운 여성으로 보이는 것은 단지
그녀의 강한 개성과 지성, 혹은 마음가짐과 같은
단순한 요건들에 의해서만 이루어진 것이 아니라,
오랜 동안의 자기 수련과 단련 과정을 통해서
이루어진 결과이기 때문이다.

　자기 자신의 부족한 점을 그대로 시인하고
솔직히 인정함으로써 오히려 그것이 그녀를 더욱
값진 여성으로 성장시킬 수 있는 토대가 되었던
것이다.

　생각해 보면 인간은 누구에게나 다른 사람에
비해 부족하거나 모자라는 측면이 하나쯤은 있게
마련이다. 완벽한 인간이란 거의 존재하지도
않았고, 또 앞으로도 없을 것이라고 나는

생각한다.

그것은 다만 용모에만 국한되지 않는다. 어떤 신체적 능력, 또는 정신 작용이나 두뇌 활동 등 실로 다양한 분야에 걸쳐서 일어나는 모든 신체적 정신적 차이점을 포괄한다.

그러나 이들 하나 하나의 차이점에 대한 지나친 비교가 행해지면서 인간은 허울의 굴레를 뒤집어 쓰기 시작한다. 이것이 점차 진행되어 병적일 정도로 집착하게 되는 경우에 우리는 콤플렉스라는 용어를 사용하는데. 특히 청소년기에 심하다.

친구들이나 안면 있는 사람들을 되새겨 보면 모두가 콤플렉스를 지니고 있다는 생각을 지울 수 없게 된다. 그들 모두가 많든 적든 나름대로의 콤플렉스를 지니고 있으며, 이러한 콤플렉스에서 벗어나기 위해 안간힘을 쓰는 것을 나는 여러 차례 보아왔다.

그들 가운데 음치 친구가 한 명 있었는데, 이런 말을 했다.

"음악적 재능이라는 것은, 인간 각자의 본원적인 것으로 원초적인 능력, 즉 선천적 재능이라고 할 수 있지. 인간은 여러 가지 능력을 갖출 수는 있지만 결코, 완전할 수 는 없으며, 그것은 대체로 상대적인 경향을 띠게 마련이야. 그렇기 때문에 이지적이고 합리적인 능력이 발달하면 음악적 재능과 같이 감성적인 능력은 떨어지는 것이 당연하지. 따라서 내가 음치인 것은 이지적이고 합리적인 면이 발달했기 때문이야."

어찌보면 억지 변명 같기도 하다. 그러나 그는 음치라고 하는 자신의 단점을 역으로 받아들여 자기 합리화를 꾀하고 있다. 자기 암시를 통해 자신의 부족한 점을 상쇄시키고 있는 것이다.

실제로 그는 학교 성적이 아주 우수했던 친구였다.

이런 경우는 콤플렉스라고 할 수도 있다. 그나마 어느 정도 자기 합리화에 성공하고 있는 경우로 봄이 좋겠다. 자기를 긍정한다는 것은 그만큼 중요하기 때문이다.

여기서 내가 강조하고 싶은 것은 역시 B양처럼 자신에 대해서 당당해지라는 것이다. 누구에게나 단점과 장점은 있을 수 있으며, 사람마다 타고난 성격, 능력이 각기 다를 수 있다. 바로 이 다른 점을 인정하는 것이 무엇보다 중요하다.

자신을 받아들여라. 그리고 당당하라, 자신 없음에 대해 자신감을 가지고 이제부터 삶을 향해 굳게 나아가라.

3 ——————— 귀여운 거짓말은 용서 받을 수 있다

남자는 마음으로 늙고 여자는 얼굴로 늙는다

　사람들은 일반적으로 일상생활 속에서 여러 가지로 거짓말을 해가며 살고 있다.

　어떤 경우에는 상대방을 배신하는 거짓말일 경우도 있고, 또 때로는 소원해졌던 인간 관계를 다시금 원만하게 되돌릴 수 있는 윤활유 같은 거짓말도 있다.

　'거짓말은 야바우의 시초'라고도 하고, 또 한편으로는 '거짓말은 하나의 방편'이라고 하는 소리도 들린다.

　그렇게 보면 거짓말을 꼭 나쁘다고 할 수만도 없는 것 같다. 흔히들 '선의의 거짓말'은 일상생활에서 필수불가결하며, 사람들 사이의 소통을 원활하게 해주는 윤활유 역할이라고도 한다.

물론, 거짓말을 장려할 수는 없다. 그렇기 때문에 거짓말에 대한 정의를 내린다는 것 자체가 하나의 모순일 수 있으며, 어쩌면 닭이 먼저냐 달걀이 먼저냐와 같은 난문제로 귀착될 수도 있다.

따라서 이 거짓말이라는 용어에 대해 학교에서, 혹은 가정에서 확실하게 가르치기는 대단히 어렵다. 그러면서도 거짓말에 대해 어떤 정의를 내리지 않으면 안 되는 것 또한 인간사이다.

이렇듯 우리는 일상생활의 거의 모든 부분에서 많든 적든 진실과 거짓 사이를 오가며 살아가고 있다.

사실 거짓된 삶에 대해서는 누구도 가르쳐 줄 수 없다. 혹 가르쳐 준다고 하더라도 그것을 인식하는 판단 기준은 결국 받아들이는 사람 각자의 판단에 달려 있으니까.

그러나 거짓말에 대한 본질적인 논쟁은 여기서 그치기로 한다. 내가 다루려고 하는 것은 거짓말이 어떻게 작용하는가 하는 한 예를 들어보자는 것이고, 또 본질적인 문제는 그 분야의 전문가들이 따로 있기 때문이다.

여기서는 남녀 사이의 거짓말, 즉 과거의 이성 관계를

사실대로 고백할 것인지 아닌지의 여부를 생각해 보기로 한다.

자신이 처녀가 아니라는 사실을 연인이나 결혼을 약속한 사람에게 사실대로 고백해야 할 것인가 하는 문제이다. 참으로 난감하다.

그렇지만 나에게 상담하러 오는 여성들 가운데는 이 문제를 가지고 고민하는 경우가 의외로 많은데, 이는 인류 역사가 계속되는 한 영원히 그치지 않을 난문제라고 나는 생각한다.

또 이러한 사안에 대해 내 주관적인 생각을 강요할 수도 없다. 개별적인 대답은 자칫 커다란 오류를 불러일으키기 쉽다. 그렇기 때문에 이 주제를 다루면서도 조심스런 마음을 감출 수 없는 것이 솔직한 감정이다.

자신이 처녀가 아님에도 상대방에게 처녀인체 하거나, 사실여부를 분명히 밝히지 않은 채 그저 모르는 척하고 넘어가는 것은 확실히 거짓이다.

만일 '나는 거짓말하기는 정말 싫다. 도저히 거짓을 용서할 수 없다. 진설하게 사는 것, 그것이 나쁠 수는 결코 없다. 거짓말을 해가면서까지 살고 싶지는 않다'고 생각하고. 또 각오도 되어 있다면 그것으로 이미 훌륭한 태도라고 하겠다. 진실을 밝힌다는 것은 그만큼 떳떳하고 자신에 대해 부끄럼이 없다는 뜻이다.

또 이런 경우도 있다.

'거짓말을 하고 싶지는 않지만 어쩔 수 없어. 그 사람에게 결코 밉게 보이고 싶지 않아.'

이렇게 생각하더라도 그것을 나쁘다, 좋다 할 수는 없기 때문에 그녀는 결국 자신이 처녀가 아니라는 사실을 숨기게 될 것이다.

그러나 나는 자기 중심적으로 하는 거짓말은 의미가 없다고 생각한다. 사랑이라는 말에는 상대방에 대한 암묵적인 배려가 이미 포함되어 있다고 보기 때문이다.

그런 면에서 상대방이 거짓말을 아주 싫어하기 때문에 어쩔 수 없이 사실대로 고백한다고 하는 발상 또한 아주 위험 천만한 일이다.

자기 자신이 행복해지기 위해서 — 꼭 그렇게 되지는 않을 것이다. — 거짓말을 한다는 것은, 그것으로 자신은 잠시 행복해질 수 있지만 상대의 경우는 전혀 다르다.

사랑이란 아주 미묘한 것이어서 쉬운가 하면 한없이 어렵고, 어려운가 하면 또 한없이 쉬워지기도 하는, 바로 이것이 사랑의 모습이 아닌가도 여겨진다.

그렇기 때문에 자신의 심정을 솔직하게 고백하는 것이
상대방에게 심한 상처를 남기게 되는 경우가 될 수 있다. 진실을
고백함으로써 자신은 개운하겠지만 상대는 상처를 받게 되는
것이다. 혹은 거짓말을 해서 상대를 의혹에 빠뜨리기도 한다.

　　자기 혼자 뿐이라면 거짓이 좋다거나 나쁘다거나 할 필요도
없다. 그러나 인간은 사회적 동물이다. 좋든 싫든 어울려 살지
않으면 안 되는 까닭에 거짓말 또한 심각한 문제일 수밖에 없다.

　　누구를 위한 거짓말인가 무엇 때문에 거짓말을 하는가
곰곰이 되씹어 볼 문제다.

사랑의 과거, 그 현명한 선택

　남자의 유형도 실로 각양각색이다. 최근에는
차츰 감소되는 듯하지만, 상대방 여자에 대해서
처녀가 아니면 절대로 안 된다고 하는 남자들이
있는데. 이들에게 과거의 남성 경험을 고백한다는
것은 장작을 들고 불길 속으로 뛰어드는 격이다.

　또 처녀 숭배론 따위는 아무런 가치도 없으며,
이미 지난 세기의 산물일 뿐이라고 말하는
사람들도 있는데 실제로는 그렇지도 않다.

　그런 사람들 마음 속에서도 자신이 사랑하는
여성만은 처녀이기를 바라는 마음이 간절할 수도
있기 때문이다. 시대적 추세로 보면 갈수록 그런
남자들이 줄어들기는 하겠지만. 그렇다고 완전히
없어지지도 않을 것이다.

처녀니 비처녀니 하는 것은 자신과는 전혀 상관 없는
일이라고 말하는 사람들도 있다. 그러나 구애 받지 않는다고는
하더라도, 이 또한 제각각이다. 즉 여성의 성경험이나 방법에
따라 남자가 받아들이는 방법과 반응이 모두 다르다는 점이다.

강간 혹은 불의의 사고와 같이 본의 아니게 처녀성을 잃은
경우도 있을 것이고, 호기심이나 치기로 인해 처녀성을 잃는
수도 있다. 무방비할 정도로 성 정보가 범람하고 있는 요즘에는
후자의 경우가 차츰 많아지고 있는 것으로 분석된다.

반면에 진실로 상대방을 사랑해서 교제가 이루어지는
경우도 있는데, 이런 여러 가지 상황에 따라 남자의 반응도 각기
달라지는 것은 분명하다.

호기심이나 장난 삼아 한 것을 이해한다는 남자도 있는가
하면, 그런 이유 때문에 오히려 도저히 용서할 수 없다는 남자도
있다. 진정한 애정의 결합이었다면 괜찮다고 생각하는 남자도
있을 수 있고, 그렇다면 더욱더 용서할 수 없다는 남자도 있을
수 있다.

그렇다면 과연 과거를 고백할 것인가, 고백하지 않을 것인가.
상대방의 성격이나 사고 방식에 따라 달라져야 할 것임은
분명하지만, 일률적으로 이것이라고 단언할 수는 없다. 하지만

단 이것만은 분명하게 말할 수 있다.

어떤 성격이나 사고 방식을 가진 남자일지라도 의혹을 품게 되는다는 사실이다. 이것이 가장 괴로운 일이다. 남자가 여자에게 의심을 품고 있다는 것은 참으로 고통스런 불행이다.

사랑하고 있다면 물론 의심을 품을 까닭이 없다. 상대방의 모든 것을 받아들이는 것이 바로 사랑이다. 누구나 당연히 그렇다고 생각할 것이다. 이상적인 사랑 또한 그런 것이 아닐까?

그렇지만 실제는 다르다. 자신의 생각과는 상관없이 전개되는 것이 사람의 마음이요, 사랑의 감정이다. 사랑의 알레고리는 그처럼 불투명하기도 하다.

단지 놀이 상대에 불과하니까 상대의 과거 따위에 연연해 하지 않고, 따라서 의심할 필요도 없다고 여기는 사람들이 의외로 많은 것 같지만, 사랑하니까 상대의 과거가 마음에 걸리는 것은 당연하며, 그러므로 의심하게 되는 것이 일반적인 것이라고 생각된다.

그런 의미에서 보면, 의혹이야말로 사랑의 척도라고 할 수 있을 것이다. 상대방이 의심을 품고 있다면, 그 사실만으로도 당신을 사랑하고 있다는 증거가 된다. 적어도 상대는 당신을 진정으로 생각하고 있다는 믿음을 가져도 좋을 것이다.

그럼에도 남자는 괴롭다. 정신 건강에도 아주 치명적이다. 상대방을 진실로 사랑하고 있다면, 그리하여 행복한 삶을 계속하기를 바란다면 한시 바삐 그 의혹에서 벗어나거나 풀어 줄 필요가 있다.

그때 당신은 거짓말로 밀고 나갈 것인가, 아니면 사실대로 고백할 것인가를 선택하지 않으면 안 된다. 그것이 당면 과제이다.

어느 쪽을 택하는 것이 현명한가? 과연 어떤 선택을 내릴 것인가?

앞에서 처녀성에 대한 남자들의 생각과 느낌은 각양각색이라고 이미 말했다. 선택 또한 이와 같은 상대성의 문제라고 생각한다.

다소 추상적이기는 하지만, 거짓말을 할 것인가, 하지 않을 것인가에 대한 하나의 지표가 된다고 믿는다. 다른 한 가지는 자신의 문제이다.

확실히 해 두고 싶은 것은 거짓말은 옳지 못하지만, 그렇다고 정직하지 못한 것이 반드시 어리석은 짓이라고는 볼 수 없다는 사실이다. 도리어 정직하다고 할 수는 없더라도 현명하다고 할 수 있는 경우가 많은 것 또한 현실이기 때문이다.

올바른 삶의 방식을 취할 것인가, 현명한 방법을 취할 것인가 하는 것은 자신의 마음에 달려 있다. 이 두 가지 기준에 의해서 당신이 거짓말을 해야 할 것인지 아닌지의 여부가 결정된다고 하겠다. 냉정한 해법이라고 할지는 모르겠으나, 나에게는 그 이상의 방법은 말하고 싶지도 말할 능력도 없다.

사랑에 관한 한, 거짓말에 대한 문제는 인생의 중요한 고비를 형성한다. 아주 미묘한 문제인지라 어느 쪽이 좋다고 감히 단언할 수 없는 것이다.

그야말로 개별적인 것이며, 자신의 가치 판단에 의해서 결정하지 않으면 안 될 문제이다.

당신이라면 어떤 판단을 내릴 것인가?

여자의 거짓말은 무죄이다

　내가 알고 있는 사람들 가운데 여자 쪽은 잘
알고 있지만, 남자와는 거의 안면이 없는 부부가
있다.

　두 사람은 연애 결혼을 했다. 부부 생활이
시작된 지 얼마 후의 일이다. 남편이 아내를
의심하기 시작했다. 과거에 남성 관계가 있던
여자라고 생각했던 것이다. 아내에게 다그쳐
물었으나 무슨 소리냐는 듯 딱 잘라 부인하면서,
남편이 처음이라고 아내는 단언했다.

　그때 그 자리에서는 그런 것도 같았는데, 또
얼마쯤 지나니 가슴 속의 의혹이 다시 고개를
쳐들기 시작하더니 갈수록 심해져 다그치고 또
다그치는 생활이 계속되었다.

그럴 때마다 아내는 아내대로 부정에 부정을 거듭하느라 한때는 우울증에 걸려 헤어질 생각까지도 하였다.

그리고 세월이 흘렀다. 남편의 의혹이 완전히 해소된 것은 아니었으나 전처럼 다그치는 일은 없어졌다. 차츰 뜸해지기 시작했던 것이다.

드디어 자녀를 낳고 저축을 해서 교외에 아담한 주택까지 마련하게 되었다. 이제는 더 이상 아내의 과거에 대해서는 문제가 되지 않았다. 둘은 지금 이 상태로 만족하면서 행복한 중년 부부로 평화로운 나날을 보내기만 하면 되는 것이다.

그런데 사실을 말하자면, 아내에게는 결혼 전에 이미 여러 차례 남자 관계가 있었다. 내가 아는 것만도 두 번이나 된다. 그런 동안 그녀는 그들과 각각 육체 관계를 맺고 있었다. 그러므로 그녀는 남편에게 거짓말을 한 것이 된다. 단지 그녀는 거짓말을 끝까지 관철시켰을 뿐이다.

이 이야기를 몇 명의 여성에게 해주었더니 반응도 가지가지였다.

"그런 부부 관계는 생각만 해도 끔찍해요. 언제까지나 아내를 의심하는 남자와 평생을 산다고 생각해 보세요. 저라면 차라리 깨끗이 헤어지고 말겠어요."

"관철시킨 아내의 방법이 좋은 것이었는지 어떤
것이었는지는 잘 모르겠지만, 그렇다고 해도 거짓 위에 쌓아
올린 행복이 과연 진실한 행복이라고 할 수 있을 까요?"

"그래요, 그 부부가 지금은 설혹 행복하게 보이기는
하겠지만, 그것은 단지 겉으로 드러나는 것일 뿐 진정한 행복은
아니라고 생각해요. 서로 길들여지고, 타협하고, 적당히
절충해서 이루어진 행복에는 결국 한계가 있지 않을까요?"

그녀들은 각자 이렇게 말하기는 했지만, 세 사람 모두 이들
부부에 대해 부정적인 생각을 가지고 있다는 점에서는 일치하고
있다.

아직 이십대 후반의 여성들이라 어느 정도의 결벽성을
지니고 있는 듯하다. 거짓말을 싫어하고 타협을 혐오하며,
길들여지는 것을 배척하는 그들의 심정도 알만하다. 그런
점에서 그녀들의 견해가 어쩌면 타당할 수도 있다.

이런 이십대의 판단에 대해 기성 세대들은 미숙하다고 생각
할지도 모른다. '그래, 너희들이 뭘 알겠느냐'는 식으로 배제해
버리면 이야기는 너무 싱거워지고 만다.

젊은 날의 결벽성은, 말하자면 성장의 지렛대 구실을 한다고
나는 생각한다. 결벽만으로는 통하지 않는 현실과 부딪쳐가면서

인간은 시야를 넓히고 성장해 간다.

십대의 어린 나이에 이미 모든 것을 다 아는 체하거나, 세상 물정에 밝은 사람은 매력이 없다.

각설하고, 앞의 예는 특별한 경우는 아니다. 사회 일반에서 흔히 발생하는 문제라고 나는 생각한다. 부부간에는 이와는 비록 다를지라도 크건 작건 여러 형태로 삐그덕거리는 불협화음이 있게 마련이다.

부부는 최소 단위의 사회다. 그러므로 두 사람 사이에 가로 놓인 문제는 확연하게 해결해야 할 사안도 있을 것이다. 그러나 동시에 명확한 결론을 내려버리면 도리어 인간 관계가 깨지고마는 수도 있다. 거짓이라도 좋으니 일단 얼버무려서라도 덮어두는게 좋은 경우도 있는 법이다.

이 부부의 경우에도 자녀를 낳아 기르고, 자기 집을 마련하는 과정에서 서로 익숙해지려고 타협과 절충을 시도함으로써 결과적으로는 서로를 속인 것임에 확실하다.

남편은 아내에 대한 의혹을 확실히 떨쳐버리지도 않은 채 서서히, 그리고 시간의 흐름에 맡긴 채 자신의 마음을 방기했고, 아내는 아내대로 거짓 위에 거짓을 덧씌워감으로써 끝내는 서로가 무감각해지고 말았다.

흔히 젊은이들은 말한다.

"서로 속이고 길들이며 살아가는 부부 관계는 순결하지
못하며, 차라리 꼴불견이다."

그들 생각에는 인간으로서 꼴불견이 아니고서는 타성만으로
부부관계를 이어 나갈 수 없다고 여기는 모양이다. 확실히 젊은
사람들에게는 이해가 되지 않을지도 모른다.

따라서 내가 하고자 하는 얘기에 대해서는, '그럴 수도
있겠군' 하는 정도로만 여겨 주더라도 충분하다.

남녀가 함께 일생 동안을 살아간다. 일상 속에서 매일매일을
함께 살아간다는 것은 젊은 사람들이 생각하는 것 이상으로
어렵고 힘들다. 겉으로는 서로 익숙해지려고 타협을 하고 있는
것처럼 보일 수도 있다.

그러나 아침이면 일어나서 세수하고 밥을 먹고 출근을 한다.
아기의 기저귀를 갈고, 우유를 먹이고 하는 이런 평범한 일상
이야말로 이유를 초월하는 힘이 되고 격려가 되며, 두 사람을
결합시켜 주는 매개가 되는 것이다.

그리하여 두 사람이 시간을 두고 쌓아온 이러한 일상들이
어느새 과거를 초월하여 거짓의 굴레를 극복해 버릴 정도로 두
사람의 결속을 강화시키는 것이다.

이것이 바로 애정이라고 나는 생각한다.

이들 부부도 의혹과 거짓말의 굴레 속에서 얼마간은 헤어나지 못했지만, 시간이 흐를수록 일상을 통해 자연스럽게 생성되는, 서로에 대한 신뢰와 결속으로 인해 차츰 서로에 대한 의혹을 씻어버릴 수 있었다고 믿는다. 서로 믿는 만큼 의혹은 줄어 들게 마련이다.

남자의 세계를 다 안다는 착각에 빠지지 말라

　남자와 여자중 어느 쪽이 거짓말에 능할까?

　어느 쪽이라고 단정할 수 없다. 그러면 어느 쪽이 잘 속아 넘어가는가? 이 또한 일률적으로 잘라 말할 수 없다. 아마도 반반이라면 타당한 대답이 될까 모르겠다.

　그러나 남자의 거짓말과 여자의 거짓말 사이에는 하나의 큰 차이점이 존재한다. 남자는 거짓말을 즐길 줄 알지만. 여자는 그렇지 못하다는 것이다.

　한 커플이 있다.

　남편은 사업 관계로 자주 술집이나 클럽에 간다. 그러나 실제로는 사업 관계는 뒷전이요, 사적으로 즐기기 위해서 가는 경우가 더 많다.

이것을 아내가 알면 몹시 흥분해서 진저리를 칠 것은 물론이고, 불결하다느니 같이 못 살겠다느니 노발대발할 것임에 분명하다.

혹 아내가 눈치라도 챌 양이면 둘러대느라 바쁘다.

"술집에 가더라도 호스티스와 자는 것도 아니고, 사업상 어쩔 수 없어서 마지못해 가는 것뿐이야. 그냥 분위기만을 즐기는데 그것도 이해하지 못해?"

오히려 역정을 내면서 얼버무리고 만다.

이 커플은 서로를 지극히 사랑했다. 그래서 서로 반해 결혼을 했는데, 이렇듯이 싸움을 하면서도 꿋꿋이 결혼 생활을 잘도 이어가고 있다. 여러분의 생각은 어떨지 모르겠다.

왜 남자들은 젊은 여자 종업원이 있는 술집이나 클럽에 가는 것을 좋아하는가? 픽션의 세계가 그곳에서 펼쳐지기 때문이다.

호스티스는 남자의 기분에 따라 행동할 줄 안다. 남자의 기분에 맞춰 나긋나긋하게 굴 줄도 알고, 남자의 성적 욕구를 충족시켜 줄 수도 있다.

그러나 대부분의 남자들은 호스티스의 말과 행동이 전적으로 거짓이며, 허위라는 사실을 잘 알고 있다.

한마디로 남자들과 호스티스의 거래는 거짓과 거짓의 거래인 것이다. 서로 그것을 잘 알고 있으면서도 그럴듯하게 속아 주고,

그것을 마치 진짜인양 행동하면서 즐기기만 하면 되는 것이다. 이것이 술집이나 클럽의 세계이다.

남자는 일상생활에서 벗어나 허구로 가미된 세계를 즐기기 위해 술집이나 클럽에 간다. 칭찬이 아닌 줄 알면서도 칭찬의 말로 받아들인다. 진실한 연애가 아님에도 그와 같은 거래를 즐기는 것이 남자의 속성이라고 하면 지나칠까?

호스티스 쪽에서 말하자면, 그것이 거짓이라기보다는 사업이다. 거짓말을 해서 남자를 즐겁게 해 주고, 그리고 돈을 받기만 하면 그만이다. 사업상의 거짓말이요, 손님들도 그것을 알고 있으므로 가책을 느끼지도 않고, 더욱이 속인다는 생각은 아예 할 필요조차 없다.

나는 그런 데에 취미가 없어서 잘 모르지만, 취재를 위해서 남자가 여장을 하고 서비스하는 술집에 가 본 적이 있다. 그 곳에서는 호스티스보다도 더 거짓이 철저하고 심했다. 남자가 여자인체 하려니 출발부터가 거짓이요, 타협의 여지조차 없다. 그 점에서는 호스티스의 거짓은 아주 미숙하다는 느낌마저 들었다.

거짓에 철저하다는 것은 서비스가 좋다는 뜻이다. 그러므로 그런 취미가 없는 사람일지라도 완전한 허구의 세계에 빠져들어 충분히 즐길 수가 있다.

남자가 술집이나 클럽을 찾는 이유가 바로 여기에 있다. 눈꼬리를 세울 필요가 없는 것이다.

그러나 개중에는 호스티스의 거짓말을 진짜로 알아듣고 속았다고 펄펄 뛰는 남자도 있다. 그것은 남자 쪽이 어리석은 것이다. 거짓을 즐길 줄 모르면 그런 곳에 갈 자격도 없는 남자가 아닐까.

여자들에게도 이와 비슷한 장소가 있는데. 바로 호스트 클럽이다. 나는 남자라 그런 장소와는 인연이 없는 사람이지만, 들리는 바에 의하면 남자들이 찾는 술집이나 클럽과는 대단히 다르다고 한다.

어쨌든 여성들이 호스트 클럽에 가는 이유는 욕구 불만에 기인하는 듯하다. 물론 남자도 욕구 불만을 이유로 술집이나 클럽에 가는 경우가 있기는 하지만. 대부분은 비일상적인 허구의 세계에 발을 들여 놓는 것으로도 만족해 한다.

그렇지만 여자와 호스트 클럽의 관계는 섹스를 목적으로 하는 것 같다. 호스트와 거짓말을 교환하는 것만으로는 욕구 불만은 해소되지 않는다. 그러므로 호스티스는 거짓말의 전문가요, 호스트는 섹스의 전문가라고 해도 과언은 아닐

것이다. 〔우리나라에서는 아직 호스트 클럽이 일반화되어 있지 않다 : 편자주〕

　거짓말을 즐길 줄 아는지 모르는지가 이런 예를 통해서 잘 드러난다고 하겠다. 내가 구태여 이런 예를 들어가면서 강조하는 이유는, 여성들도 거짓말의 즐거움을 알아두었으면 좋겠다는 생각에서이다.

　그렇다고 호스트 클럽에 가서 더 즐겁게 놀라는 뜻으로 받아들이는 여성이 있다면, 그만 이 책을 덮으시라.

　그저 일상 속에서, 비록 작은 거짓말일지라도 즐기면서 살아가라는 말이다. 기회가 닿으면 외설 같은 남자들은 대부분 그것을 즐긴다. 경험담이라든지, 직장 동료들이나 친구들에게서 들은 이야기를 가지고 다른 사람들에게 떠벌리기를 좋아한다. 그러나 사실과는 달리 부풀리고 부풀려서 황당하기까지 한 얘기들을 잘도 떠들어대는 것이다.

　실제 경험을 토대로 하더라도 이야기를 재미있게 전개하기 위해서 거짓말이라는 조미료를 충분히 가미하거나, 오히려 조미료가 더 많은 것이 보통이다. 듣는 측도 이미 그 뜻을 알고 있다.

　그들 또한 조미료를 푸짐하게 섞은 것을 더 좋아한다.

그리하여 절묘하게 맛을 낸 외설에는 박수 갈채도 아끼지 않는 것이 적나라한 남자들의 속마음이며 남자들의 세계다.

그러나 여성들의 외설은 다르다. 조미료가 부족하다. 그저 경험이나 실제로 느낀 점을 그대로 말할 뿐이다.

그런 가운데서도 외설에 능수가 있어서 푸짐하게 넘치도록 조미료를 가미하기도 하지만, 그러나 듣는 측에서는 그것을 진짜로 받아들이는 경우가 적어 즐긴다는 것은 거의 불가능하다.

거짓말을 즐길 줄 아는 것도 하나의 현명함이요, 지혜라고 나는 믿는다.

처녀성에 대하여 남자는 어떤 생각을 하고 있을까

　　사람마다 자신만의 결혼관을 가지고 있다.
결혼관은 아주 중요하다.

　　그것은 앞으로 남은 인생에 막대한 영향을
미치기 때문이다. 결혼을 잘못해서 인생을 망치게
되는 경우를 우리는 수없이 봐왔고 또 경험하고
있다.

　　이렇게 주장하는 남자가 있었다.

　　"난 과거에는 전혀 집착하지 않는다.
처녀이기만 바라는 것은 남자들의 독선이자
모순이라고 생각한다. 그러나 진실만은 알아야
한다. 모든 것을 알면, 그 나머지 모든 것을
사랑할 수 있다. 그의 과거까지도 사랑할 수 있는
것이다. 사랑하는 사람들 사이에서는 거짓만이

유일한 복병이다. 진실은 언제나 모든 것을 이겨낸다."

그런 그에게 연인이 생겼다. 그는 그의 평소 지론을 그녀에게 이야기하고, 사실대로 말해 달라고 요구했다.

과거에 남자를 경험한 적이 있는 그녀는 망설이지 않을 수 없었다. 사실대로 말해야 할지 안 해야 할지 확신이 서지 않았다. 그러나 그가 하도 독촉하는 바람에 대답을 하지 않을 수도 없고 해서 마침내 결정을 내렸다.

그의 확고한 지론을 믿고 모든 것을 사실대로 고백하고 말았는데, 그것이 사랑의 종말이 될 줄은 깨닫지 못했다. 이후로 그는 두 번 다시 그녀 앞에 나타나지 않았던 것이다.

그러면 남자의 주장은 거짓이었을까? 그렇지는 않았을 것이다. 남자는 그것이 자신의 확고한 생각이요, 신념이라고 믿고 있었다.

그러나 실제로 그녀의 고백을 듣고나자 더 이상 연애 감정을 지속시킬 수 없었다.

그에게는 자신의 확신을 지나치게 과장하는 단점이 있었던 것이다. 이처럼 사람의 감정은 간사한 것인가?

또 이와는 정반대의 경우도 있다.

자신의 결혼 상대는 처녀가 아니면 절대로 안 된다고

주장하던 남자가 있었다. 처녀에 대한 신념이 얼마나 강했는지
보기로 하자.

"처녀성을 잃은 여성은 정식으로 결혼을 요구할 자격이 없다.
처녀성을 어떻게 해서 잃었느냐의 여부는 문제가 되지 않는다.
비처녀는 처녀가 아니기 때문이다."

처녀가 아닌 여자는 연애를 할 수 있는 자격조차 없다는
식으로 아주 극단적인 결혼관을 가진 사람이었다. 그런데
결과는 처녀가 아닌 여자와 냉큼 결혼을 하고 말았다.

그가 처녀만을 원한다는 사실을 알고 그녀는 고민을 했다.
자기가 고백하지 않는 한 그가 결코 알지 못할 것이라는 생각도
들지 않는 것은 아니었지만, 그래도 사실대로 고백하기로
결심하니 마음이 오히려 차분해졌다.

그도 물론 많은 착잡한 생각이나 후회도 없지는 않았겠지만,
결국은 그녀와 결혼해서 원만한 결혼 생활을 유지해 나가고
있는 것을 보면, 인간의 삶이란 참으로 아이러니하다는 생각도
든다.

거짓말을 해야 할 것인가, 말아야 할 것인가? 참으로 어려운
문제다. 여기서 잠시 문제를 돌려보자.

처녀인지 아닌지 하는 것은 젊은 남자로서는 거의 알지

못하는 경우가 많다. 일반적으로 처녀를 확인해 주는 정표로
첫경험 때의 출혈을 든다. 그러나 출혈이 없었다고 해서
비처녀라고 단정할 수는 없다.

최근의 통계로는 처녀가 첫경험 시 출혈이 없는 경우가 늘고
있다고 한다.

물적 증거는 믿을 수 없다고 한다면, 다음으로는 상황 증거에
의해서 처녀 여부를 판별한다.

즉 첫경험 때의 잠자리를 통해 느낌으로 파악하는 방법인데,
이러한 방법도 판단 기준이 되는 것만은 사실이다.

"나는 처녀인지 아닌지 분명히 판단할 수 있다."
고 장담하는 남자도 있지만, 이 또한 믿을 수 없는 말이다.
절대로라는 것은 결코 있을 수 없기 때문이다.

물론, 경험이 풍부한 사람은 어느 정도는 알 수 있을 것이다.
실제로 한 남자와 일정한 기간 동안 육체 관계를 맺고 있던
경우라면 알 수도 있다.

몸에 밴 습관이라는 것은 금방 떨쳐버릴 수 없는 것이므로
무의식 중에 전에 하던 여러 가지 반응을 나타내기도 할
것이니, 어느 정도는 감지할 수 있을지 모르겠지만, 그것 또한
정확하지는 못하다. 그런 남자는 지극히 드물다.

어쨌든 판단의 기준은 느낌을 통해서만 알 수 있다는 점에서 한계가 있다. 더군다나 젊은 남자의 경우, 성 경험이라고 해야 풍부하지 못할 것은 뻔하다. 그러니 절대로 알지 못한다고 해도 틀림이 없다는 전제가 성립된다.

플레이 보이라면 혹 모를까, 그렇지 않은 남자의 경우 그것을 가려낼 수 있다는 말은 어쩌면 지나치게 과장된 표현일지도 모르겠다.

그러나 결국, 이것은 문제가 되지 않는다. 그것은 사실대로 말할 것인가, 그렇지 않을 것인가의 판단 기준에 따라 행하는 것이기 때문이다. 어떻게 하는 것이 현명한 판단일까.

남자를 비참하게 만들지 말라

　여자들이 절대로 말해서는 안 될 두 가지가
있다. 남자의 생활 능력과 성 능력에 대해서이다.
이 두 가지야말로 남자를 가장 비참하게 하는
요소이다.

　남자는 이 두 가지에 가장 많은 관심을 가지고
있다. 둘 다 우수하다면 문제 삼을 것도 없다.
그러나 열세하다면 절대로 말해서는 안 된다.

　현대는 무한 경쟁시대이다. 또한 아무리 남녀
평등을 부르짖더라도 남성 위주의 사회임은
부인할 수 없는 사실이다. 남자는 여자보다 훨씬
더한 경쟁 속에서 살지 않으면 안 되는 것이
현실이요, 그 속에서 뒤떨어지면 낙오할 수밖에
없다.

남자는 자기의 생활 능력에 관해서는 최소한 어느 정도 판단을 하고 있다. 사회 생활을 하면서 동료들, 혹은 주변 사람들과 비교해 보면 충분히 알 수 있다. 다만 그러한 것들과 정면 대결을 피하고 있을 뿐이다.

또 대결하지 않더라도 빠져나갈 길은 얼마든지 있다. 나아가 그런 경우가 아니더라도 생활 능력에 관한한 절망하지 않고도 살아갈 수 있다. 그것이 바로 인간 사회다.

일에만 매달리는 이기주의자가 되어 인간성을 말살시키면서까지 살고 싶지는 않다든가, 비겁한 짓을 해가며 출세하면 또 뭐하겠는가 하는 따위 등이 모두 그러한 예들이다.

그렇지만 사실은, 이기주의자가 되는 것도, 비겁한 짓을 하는 것도 생활 능력에 포함된다. 그런 일련의 것들이 인간 생활에서는 다반사로 일어난다.

남보다 더 잘 살기 위해서 무슨 짓이든 못할까보냐는 식으로 사는 사람들이 점점 많아지는 것이 현대 산업사회의 폐단 이라고만 몰아붙일 일도 아니다. 우리들 또한 그들 가운데 하나일 수 있으므로 더욱 그렇다.

한편으로는 이런 사람들도 젊은층 사이에서 급격하게 늘어나고 있다. 일보다는 취미에 맞는 생활을 하고 싶다든가,

여가를 즐기면서 사는 것이야말로 진정한 삶이라고 주장하는
사람들이 그들 부류이다.

그들의 사고방식에 이의를 달고 싶은 생각은 조금도 없다.
그러나 문제는 여기에 있지 않다.

처음부터 정면을 통하지 않고 쉬운 것만을 생각할 수도
있다는 점에서 약간의 우려를 하지 않을 수 없다는 말이다.

적당한 노력과 성취 뒤에 즐기는 여가는 그만큼 인간의
생활을 풍요롭게 할 것이다. 반대로 노력도 들이지 않고 취미와
여가만을 먼저 찾을 때는 결과적으로 풍요 뒤의 빈곤을 초래
하지 않을 수 없다고 나는 생각한다.

차츰 변화되기는 하겠지만, 현대는 아직도 여전히 남성
중심의 사회다. 이런 남성 중심의 사회에서 남자를 떠받쳐 주는
기둥 가운데 생활 능력은 절대적으로 많은 비중을 차지한다.

가족의 생계를 책임지기 위해 무한 경쟁에 뛰어들지 않으면
안 되는 것이 남자들의 가혹한 현실 세계다.

차츰 여성 권익이 신장되는 추세요, 맞벌이 부부가 늘어나고
있는 것 또한 부인할 수 없는 사실이지만, 그렇다고 해서 남성의
역할이 줄어든 것은 조금도 없다.

오히려 여성이 하던 일까지도 남성들이 대신하는 경우가

많아지는 현실이니 오히려 남성의 부담이 커졌다고 해도 과언은
아닐 것이다.

남자들은 과중되는 책임감을 벗어던지지 못한다. 냉혹한
경쟁 사회에서 제대로 오금도 펴지 못하고 생활하는 경우가
많다. 그러니 거기다가 생활 능력이 다른 사람들보다
떨어진다고 말해 보라. 남자는 더 이상 살맛이 안 난다.

남자의 생활 능력을 다른 사람들과 비교하지 말라. 더욱이
가까운 사람들과의 비교는 자칫 당신의 결혼 생활을 망칠 수도
있다. 사랑은 비교가 아니다.

샐러리맨의 많지 않은 수입을 일류 스타나 정치가들의
수입과 비교한다면 남자는 별로 대수롭지 않게 생각할 수도
있지만, 수입이 많은 가까운 친구들이나 이웃과 비교하게 되면
그야말로 결정적인 역할을 한다.

그럴수록 남자에게는 여성의 사랑이 필요하다. 현명한
여성이라면 오히려 남자의 콧대와 자존심을 세워 줄 수 있는
방법을 생각할 것이지 결코, 천덕꾸러기로 만들지는 않을
것이다.

다음으로 성적 능력의 문제이다.

남자는 일반적으로 자신의 성적 능력에 대해서는 잘 알지

못한다. 가치 판단에 어두운 것이다. 그러면 남자는 무엇을
기준으로 해서 자신의 성적 능력을 판단하는가?

여자에 의해서다. 상대 여성을 성적으로 얼마나
만족시켰으며, 상대는 또한 자신을 어떻게 평가하고 있는가
하는 것이 유일한 판단 기준이다.

섹스에 대해서는 이미 여러 가지 데이터가 나와 있다. 남자는
평균적으로 이렇다, 저렇다 하는 세간의 평들이 그것이다.
나이가 이만하면 성교 회수는 주 몇 회라든가, 전희는 어느
정도의 시간이며, 사정하기까지는 몇 분이 걸린다든가 하는
것들을 당신도 듣거나 책을 통해서 이미 여러 차례 보았을
것이다.

또 섹스의 테크닉에 대해서도 주간지, 월간지 등이 주축이
되어 동시 다발적으로 쏟아내고 있는 형편이니 섹스 정보에
관해서는 알만한 사람은 누구나 다 알고 있다.

그러나 그러한 섹스 정보지들이 쏟아내는 데이터는 전혀
무의미하다고 생각하는 것이 좋다. 섹스는 남과 여. 단 두
사람의 것이요, 전적으로 상대적인 것이다.

두 사람이 좋아하고 만족하면 그것으로 이미 족하다.
일반적인 표준이나 평균 등의 데이터, 정보가 어떻든간에 전혀

상관할 바 없다. 섹스란 그런 것이다.

현대 사회의 가장 큰 폐단 가운데 하나로 정보 과다를 들
수 있다. 현대의 불행인 것이다. 두 사람 사이에 느낄 수 있는
만족도가 기준이 되어야 하는데, 오히려 그것이 정보의 기준에
따라서 결정되는, 참으로 안타깝기 그지없다.

당사자인 자신이 만족을 느꼈는지 어땠는지는 문제가 아니라
정보지의 표준에 의거해서 자신의 만족도를 평균 이상인가
이하인가로 판단하니 문제가 생기지 않을 수 없다.

이러한 정보가 범람하니 현대의 남성들은 이 문제에 아주
과민한 반응을 보이지 않을 수 없게 된다. 여성의 지위가
상대적으로 높아져서 성교가 생산과는 전혀 관계없이 그저
즐기기 위한 행위요, 남성 중심의 사회에서 남녀 평등의 사회로
옮아가는 현실이니 성교 또한 과거의 수동적 입장에서 적극적
입장을 취해야 한다는 여성론자들의 입김이 점점 거세지고
있다.

그리하여 마침내는 남자들의 성적 능력에 대한 표현 또한
이제는 여성들이 누릴 수 있는 하나의 공격 무기가 되어버렸다.

그러나 당신이 남성에 대한 경험이 있는 여성이라면, 그리고
그 남자를 사랑하고 있다면 절대로 다른 남자와 비교해서

말하지 말라. 결과는 남자를 정말 무능한 남자로 만들어 버린다.

남자가 성교를 통해서 얻는 쾌감은 아주 단일적이고 순간적이다. 상대가 누구이든 쾌감을 얻을 수는 있지만 쾌감 자체의 변화는 거의 없다.

그러나 여성은 다르다. 상대에 따라서 쾌감의 강도도 아주 달라질 수 있다. 그럼에도 여성에게는 순응성이 있다. 그것이 또한 여성의 성적 특정이다.

남자와 달리 상대에 따라서 성의 희열을 경험할 수 있는 존재가 여성인 것이다.

성적 능력에 대해서만은 상대방에게 거짓말을 해서라도 칭찬해 주고, 같이 즐거워하면서 자신을 갖게 하는 것이 당신을 위해서나 사랑을 위해서도 좋다.

거짓말도 귀여울 때가 있다

"거짓이라도 좋으니 사랑한다는 말이라도
해주면 좋겠다. 거짓인 줄 알면서도 연애를 했다."

이 말은 우리가 일상생활에서 흔히 보고 듣는
얘기들이다. 대중가요나 사랑의 수기 등을 보면
하나같이 이런 주제 일색이다.

일반적으로 여자에게는 자신의 혐오스런
부분이나 형편이 좋지 않은 데에 대해 숨기려는
본능이 강한 듯하다. 그래서 여성의 어떤 단점을
꼬집어서 얘기하면 아주 질색을 한다. 여성에게는
단점을 말하는 것이 욕이 되는 것이다.

반대로 그것이 혹 거짓일지라도 좋다고 하면
진실 여부와는 관계 없이 금방 화색이 돌게 된다.

그러나 이것을 사랑이라는 굴레에 한정해서

보면 문제는 달라진다. 듣기에 따라 거짓말을 해야 할 경우와
하지 않아야 할 경우가 있기 때문이다.

남녀 관계에서는 사랑이 근간을 이룬다. 그 사랑에 거짓이
있으면 오래 지속되지 못할 것이다. 사랑은 속임수를 통해서는
결코 이루어지지 않는다. 혹 이루어졌다 해도 이미 그것은
사랑이라고 할 수 없다.

따라서 근본적이고 본질적인 면에서 거짓말을 한다는 것은
속임수이며 사기다. 여자의 마음이 어떠한지를 몇 마디로
정의할 수는 없다.

그러나 남녀 관계의 가장 중요한 부분, 즉 사랑을 이루는
근본적인 요소들에서 거짓말을 한다는 것은 용서할 수 없는
일이요. 또 행복해질 수도 없다.

하지만, 그밖의 경우에는 거짓말을 함으로써 오히려 귀엽게
보이는 수도 있다. 거짓말을 교묘히 적용함으로써 행복해질 수
있다고 하는 것은, 흔히 쓰는 수법이기도 하거니와 배워두면
유익한 경우도 많다.

거짓말을 하는 방법에는 단계가 있다. 때에 따라서는 가볍게
해야 할 경우가 있고 또 때에 따라서는 상대방이 도저히 알아챌
수 없게 해야만 하는 경우도 있다. 즉 경우에 따라서 거짓말의

강도와 방법을 바꾸지 않으면 안 된다.

과거의 남성 관계를 고백할 것인가 하는 문제는 두 사람의 결합에 결정적인 영향을 미친다. 따라서 이런 경우 만일 거짓말을 하려면 철두철미 탄로나지 않을 거짓말을 해야 한다. 탄로가 나면 끝내는 파국을 초래할 수 있을 만큼 중대한 문제이기 때문이다.

반면에 일상 속에서의 흔치 않은 거짓말은 잘만 하면 두 사람의 사랑을 더욱 견고하게 할 수도 있고 소원해졌던 관계에 활력을 불어넣을 수도 있다.

예를 들어 남자와 만날 약속을 했다고 치자. 약속 시간보다 훨씬 앞서 당신이 약속 장소에 도착했다. 늦게 도착한 그가 묻는다.

"오래 기다렸어?"

"아니, 나도 방금 도착했어."

당신의 말 한마디에 따라서 상대방이 느끼는 감정은 아주 달라진다. 금방 도착했다는 당신의 말을 듣고, 그는 가만히 당신 앞에 놓인 커피잔을 내려다 본다.

문득 식은 커피가 조금밖에 남아 있지 않은 것을 알고 그는 당신의 거짓말을 눈치 채게 되지만, 그것으로 오히려 당신을 더 귀엽게 생각하게 될 것이다.

그러면 침대에서 사랑을 나눌 때 당신은 남편의 애무에 대해서 어떤 반응을 보이는가. 그 표현 여하에 따라 남편의 만족도와 자신감도 달라질 것이다.

문제는 어떤 거짓말이건 누구 때문에, 그리고 무엇 때문에 하게 되는가가 중요하다. 그 뒤에 상황에 따라 어떤 거짓말을 해야 할 것인지는 당신이 선택하라. 이것이 거짓말의 포인트다.

남자의 기쁨이나 만족에 응하려고 하는 거짓말은 애교이자 하나의 능수다. 그것은 오히려 거짓말이라기보다는 상대방을 배려하는 따뜻한 마음의 산물이다. 상대방을 생각하지 않고서는 그런 상냥한 마음을 가질 수 없다. 그것이야말로 사랑의 활력소이자 두 사람의 유대를 강화시키는 지름길이다.

사랑이 듬뿍 담긴 거짓말을 능수능란하게 하는 것은 여성의 매력을 한층 돋보이게 하는 묘약이다.

사랑이 황무지와 같다고 느낄 때

A양은 상품 포장지 디자이너로 몇 년 전
이탈리아에서 디자인 공부를 했다.

그렇다고 디자인 전문 학교에서 수업을 받은
것은 아니고, 로마에 있는 어떤 포장지 디자인
회사에서 일을 하며 실무를 통해 디자인을
배웠다.

여기에 소개하는 내용은 그 당시에 쓴 그녀의
견문록에서 요약한 것이다.

그녀가 근무하던 디자인 회사는 포장지
디자인뿐 아니라, 인쇄 · 재단 설비도 갖추고
있어서 제작까지 가능한 중견업체였다.

공장 안에는 이미 만들어진 포장지를 검사하고
포장해서 내보내는 발송계가 있었는데, 스물

세 살의 이탈리아 여성이 이 일을 맡고 있었다. 비교적 풍만한 글래머형의 여성으로서 균형 있는 몸매에 얼굴도 미인이었다.

A양이 볼 때는 마치 모델처럼 보였다.

그녀는 A양 뒤쪽의 큰 작업대에서 일을 하고 있었는데, 물량이 적을 때는 혼자서도 충분했지만, 한창 바쁠 때는 감당할 수 없을 정도였다.

그럴 때면 으레 임시 직원을 보충했다. 그러다 언젠가 물량이 밀려 몇 명의 남녀 아르바이트를 고용하게 되었다.

그 가운데 조 트래볼타라는 청년이 있었는데 약간 키가 작은 것이 흠이라면 흠일까, 귀밑털이 길게 뻗어 남자다운 인상을 강하게 풍기는 훌륭한 청년이었다.

발송계의 글래머 여성이 이 청년과 연애를 시작했다. 두 사람은 만나자마자 첫날부터 무서운 사랑에 돌입했다.

마치 찰떡 궁합이 만난 것처럼 아주 열렬한 사랑에 빠져들었다. 도대체가 한시라도 떨어질 줄을 모를 만큼 서로를 탐닉했다. 작업대 앞에서 작업을 하면서도 서로 몸을 맞대고 비벼댄다.

잠깐이라도 틈이 나기만 하면, 그 새를 못 참을세라 상대의 몸에 달라붙어서 쓰다듬고 쪽쪽 빨아댄다. 그들에게는 휴식 시간도 없는 듯했다.

그때 아니면 누가 잡아가기라도 할 것처럼 뜨거운 포옹을 해대니, A양이 오히려 민망하여 다른 곳을 쳐다보느라 애를 먹었다고 한다. 그러면서도 이곳은 남의 나라 땅이요, 또 여기서는 으레 그러는가 싶어 말도 못하고 그저 지켜보는 수밖에 없었다.

청년이 아르바이트를 하는 10일 동안 그런 열애가 하루도 쉬지 않고 계속되었다. 그러다 기간이 끝난 뒤에는 회사로 찾아와서 쉬는 시간을 기다렸다가 또 맞붙어서 비비고 빨고 했다.

그렇게 연애를 하다가 회사일이 또 바빠지면 다시 아르바이트 하기를 몇 번이고 거듭했다.

그러나 어찌된 일인지 두 달이 지나면서 청년의 모습이 보이지 않았다.

발송계의 글래머 아가씨는 시무룩한 얼굴을 하고 있었다.

"왜 그렇게 심각한 얼굴을 하고 있어요?"

A양이 물으니, 그녀의 대답이 가관이었다.

"사랑이란 무엇인지, 도무지 알 수가 없단 말야!"

"그 사람과 무슨 일이 있었어요?"

"특별히 무슨 일이 있었던 것은 아녜요. 그냥 헤어졌어요. 사랑하고는 있었지만. 왠지 공허해지더라구요. 만날수록 그 공허감이 점점 더 커져서 이제는 그와 함께 있어도 전혀 감각이 없어요. 그저 무의미한 일의 반복만 계속될 뿐이에요."

그러더니 이렇게 중얼거리더란다.

"사랑은 황무지와도 같은 거야. 결국엔 허무만 남게 되지."

이렇게 말하더니, 그러다가 얼마 후에는 신입 아르바이트 청년과 다시 사랑에 빠져서 먼저 만났던 청년과 마찬가지로 열렬한 사랑을 하다가 또 헤어졌다.

A양이 포장지 디자인 회사에 2년간 근무하는 동안, 그 글래머 여성의 열렬한 사랑을 직접 목격한 것만도 네 차례나 되었는데, 모두 비슷한 이유로 만나고, 비슷한 이유로 헤어지는 것이 마치 일정한 계절의 순환처럼 일률적으로 보이더라는 것이다.

그때마다 그녀는 되풀이하는 것이다.

"사랑이란 황무지와도 같은 거야."

4 ——————— 싸울 줄 모르는 사랑은 위험하다

여자의 육체를 통해서 남자가 바라는 것

이제는 A양의 말을 직접 들어보기로 하자.

"물론 그녀는 네 번 모두 남자와 육체 관계를 가졌지요. 한번은 동거까지 했다고 해요. 저렇듯이 24시간 내내 맞붙어 있으면 싫증이 나지 않겠어요? 질리기도 할거고, 또 새로운 맛이라곤 전혀 없을 거예요. 차츰 공허감도 느꼈지요. 사랑은 황무지라고 말한 것도 무리는 아닌 것 같아요. 이탈리아의 영화나 문학을 보면, 사랑의 허무함이라든가, 사랑의 권태를 주제로 한 것들이 많은데, 그녀의 사랑법이 이탈리아의 풍조라고 한다면 무리도 아니겠지요."

그럴지도 모르겠다고 나는 그녀의 말에 일단 수긍을 했다. 그러나 A양의 다음과 같은 의견에는 찬동할 수가 없었다.

"어쩌면 그 여자는 바보인지도 몰라요. 그렇지만 한편으로는 아주 청순하고 귀여운 여자라는 생각도 들어요. 오로지 한 길로 사랑을 하다가 깨지고, 다시 그런 생활을 반복한다는 점에서 이탈리아 여성들의 사랑은 대단히 순정적이라고 할 수도 있지 않겠어요?"

"아니야, 전혀 달라. 그 이탈리아 여성을 순정파라고 하는 것은 너무도 삼류 소설 같은 표현이야. 요컨대 그녀는 자신의 사랑을 계산 못하는 바보일 뿐이야."

나는 언제나 아주 단순한 데서부터 생각하는 버릇이 있다. 생각하는 것 또한 그렇다. 인간은 누구나 행복을 갈구하며, 이 행복을 위해서 열심히 살아가는 것이다. 모든 사고와 행동이 바로 이 행복의 잣대에 의해서 생긴다.

그 발송계의 글래머 여성은 그런 연애를 반복함으로써 과연 행복해질 수 있을까?

언제 어떤 남자와 또다시 만나게 될지는 모르지만, 그런 형태의 연애만 반복한다면 아무리 마카로니를 먹고 에너지가 넘친다고 하더라도 결국은 사랑을 하다가 그만 녹초가 되어 쓰러지고 말 것이다.

그녀는 전혀 계산을 할 줄 모르는 것이다. 여기서 내가
말하는 계산의 의미는 이렇다.

남자와 여자는 다르다. 몸의 구조가 다르고, 생리 구조가
다르다는 것은 누구나 알 것이다. 그렇게 보면 육체와 정신이
개별적으로 따로따로 존재하는 것은 아니며, 마찬가지로
심리구조 또한 다르다는 것은 당연하다.

미리 말해 두자면, 남자와 여자가 다르다는 것은 차별이나
불평등과는 거리가 멀다. 남녀를 차별해서는 안 되지만.
그럼에도 구별은 필요하다. 그렇지 않으면 남녀의 각기 다른
특성을 발견할 수도 발휘될 수도 없다. 그렇게 해서는 남녀
모두가 불행해지고 만다는 사실을 깨달아야 한다.

남자와 여자는 전적으로 다른 존재이다. 그리고 남녀가 서로
다른 이상, 여자는 남자를 제대로 이해하고, 또 남자의 생리
구조나 심리 구조를 잘 계산하여 대응할 필요가 있다. 그것이
행복에 이르는 길이다.

남자를 헤아리고 계산함으로써 남자를 끌어당길 수 있는
방법이 생기고 사랑의 척도를 높일 수 있다. 이것은 순정과는
전혀 별개의 문제이다. 그러니 모순이랄 수도 없다.

사랑하는 남자를 좀더 가까이 끌어당기고, 자기에게 애정을

쏟도록 유도하는 것은 사랑을 느끼는 여성에게는 아주 자연스런
현상이요, 발상이다. 그것은 마음 속에서 자연스레 우러나는
본성이기 때문이다.

자기가 사랑하는 남자로부터 사랑을 받는 여성은 행복하다.
그리하여 그 사랑이 꾸준히 지속되고 갈수록 사랑의 강도가
높아지면 더욱더 행복해 하는 것은 순리다.

그러기 위해서는 남자와 여자가 다르다는 것을 제대로
이해하지 않으면 안 된다. 그것을 계산에 넣고, 거기에 대응할
수 있는 알맞는 테크닉을 구사하지 않으면 안 되는 것이다.

계산된 기교를 구사하는 것이야말로 사랑에 이르는
지름길임을 알아두기 바란다. 거기에는 남자의 모든 것이
포함되어 있다. 사랑의 기교란 그런 것이다.

이런 점에서 그 이탈리아 여성은 계산에 아주 약하다고 할
수 있다. 계산력이 부족해서 지속적인 사랑을 하지 못하고 불과
몇 달만에 사랑하는 사람과 헤어지는 불행을 반복하지 않을 수
없었다는 생각을 지울 수 없다.

남자는 생리적인 면에서나 심리적인 면에서 동적이고 아주
직선적이다. 쉽게 말해서 여자를 사랑한다는 것은 결국 여자의
몸을 요구하는 것과 직결되어 있다는 것이다.

남자들은 여성과 사귀면서 항상 여성의 육체를 궁극적인 도달점으로 삼는데, 이것이 바로 남자의 심리다. 그 도달점을 향해서 남자는 일직선으로 돌진하려고 한다.

가령 당신이 애인에게 키스를 허용해 보라. 다음에는 가슴의 애무를, 더 나아가서는 몸 구석구석까지 애무를 허락하고, 끝내는 육체 관계까지 이르게 된다. 남자는 한 단계 한 단계에 이를 때마다 사랑의 충족감을 느끼게 되는 것이다.

그리고 그런 충족감에서 그칠 수 있다면 더 이상의 문제는 없을 것이다. 그러나 남자는 그 정도에서 만족하려 하지 않는다. 결코 멈추지 않는다. 이것이 남자 생리의 문제점이다. 때로는 귀찮을 정도로 집요한 것이 남자의 생리다.

남자는 한 가지 만족에 젖어서는 쉽게 잠들지 못한다. 만족은 곧바로 권태와 직결된다. 그리고는 이윽고 다음 만족을 향해서 질주하는 것이다.

이는 생산과도 무관하지 않다. 남자는 섹스를 자손을 생산하기 위한 행위로 삼는 경우가 여자 쪽보다 훨씬 강하다. 정액을 여기저기 뿌려서 자신의 자손을 수없이 남기고 싶어하는 욕망은 남자의 본능이다.

이러한 본능이 남자로 하여금 하나의 만족을 맛본 뒤 다시 또 다른 만족을 향해 달려가도록 요구한다.

하나의 사랑이 완성되면 다시 새로운 사랑을 찾아 여행의 길을 떠나는 것이다. 옛날에 권력자들이 수많은 궁녀를 두고 밤낮으로 섹스에 몰두했다는 것도 바로 이러한 본능에서 기인하는 것이다.

부부간에 느끼는 권태감 정도는 우리가 흔히 볼 수 있는 일인데, 이는 언제 어느 때라도 자기가 원하기만 하면 욕구를 충족시킬 수 있는 대상이 항상 가까이에 있기 때문에 당연한 귀결인지도 모른다.

따라서 남자가 권태감을 느끼지 않도록 하려면, 여자는 언제나 이점을 계산에 넣고 고도의 기교를 구사해야만 한다.

권태기를 초래하는 것은, 남자 쪽보다 여자 쪽의 태만 때문이라는 사실을 기억하기 바란다.

이탈리아 여성은 이런 계산을 전혀 하지 않고 오직 자신의 욕망 채우기에만 급급해서 남자의 심리는 염두에도 두지 않았기 때문에 항상 똑같은 결과를 반복하게 되었던 것이다.

항상 찰싹 붙어 있으면, 처음에는 상대편 남자도 크게 만족하겠지만, 얼마 안 가서 만족이 포화 상태가 되면 드디어 권태를 느끼게 되는 것은 당연한 일이다.

차츰 섹스도 싫어지고 이윽고 상대 여성까지도 보기 싫어진다. 연애를 시작해서 시일이 얼마 지나지 않았으므로 심리적으로는 권태까지는 이르지 않았겠지만, 그 짝이 전혀 자신과 맞지 않는다는 점에서 점점 당혹감을 느끼게 되고, 심지어 사랑이 황무지라는 표현까지도 서슴지 않게 되었다고 생각한다.

남자의 생리 구조나 심리 구조를 파악하는 것이 이제 무엇보다 중요함을 다 말했다.

남자를 만족시켜 주면서 다시 더 큰 만족을 자각하는 것, 남자를 자기 쪽으로 끌어당겨 사랑의 지속을 통해 강도를 더욱 높여가는 것, 이 모두가 남자의 심리를 파악하는데서부터 시작된다는 것을 명심하지 않으면 안 된다.

그렇다고는 해도 사랑의 계산은 어렵고, 동시에 고도의 기교를 필요로 하니 여러분은 과연 어떻게 처리할 것인가?

육체의 문을 열 때 사랑의 단계가 있다

더 구체적인 얘기를 하자.

육체는 조금씩 단계적으로 개방하는 것이
좋다고 하는 점이다. 남자가 요구한다고 해서
즉석에서 육체를 허락해서는 안 된다.

처음에는 어느 단계까지만 허락한다.
포옹이라든지, 키스 정도로 하는 것이 당신을
위해서나 남자를 위해서나 양쪽에 다 좋다.

다음에는 제동을 걸고, 그보다도 전 단계로
물러선다. 그 다음에는 먼저보다 더 진전시킨다.
이런 순서로 서서히 육체의 문을 열어가는 것이
순리다.

침대에서도 마찬가지다. 결혼을 했더라도
처음부터 모든 요구에 순응할 것이 아니라, 여러

가지 제동을 걸어가면서 물러났다 전진했다 하는 것이 좋다. 그런 테크닉을 구사하는 것이 가장 현명한 방법이다.

인간은 본래 일부다처와 같은 결혼 제도와는 모순된 존재로 보인다. 인간의 본능은 일부일처제와는 거리가 멀기 때문이다. 인간에게 한때의 권태는 피하기 어려운 것인지도 모른다. 다만 유연하게 희석시킬 수는 있다.

그 희석화할 수 있는 능력이 바로 계산이요, 기교다.

남자에게 더 큰 만족을 줄 수 있는 비밀의 무기가 당신 몸에 있다는 것을 내보이면서 만족에 대한 예감과 기대를 가지게 하는 것 또한 사랑의 기술이다.

물론 이것이 어려운 일이기는 하다. 처음부터 이런 계산을 하지 않으면 안 된다는 점에서 그렇다. 신은 인간의 육체를 참으로 정교하게 만들어 놓았다.

특히 섹스에 관한한 여자가 자각하는 두려움이나 망설임, 수치감은 신이 여성에게만 부여한 계산과 기교의 극치라는 생각이 든다. 육체 관계를 통한 쾌감도 그렇다.

경험의 깊이에 비례해서 쾌감의 강도도 깊어지도록 만들어진 여자의 성에서 신의 절대성을 느끼는 것이다.

이렇듯이 여자의 성 속에 감추어진 오묘한 조화와 깊이를 이용하면, 남자의 마음을 헤아려서 그에 맞는 테크닉을 구사하는 것도 말처럼 어렵지 않을지 모른다. 많지 않은 경험을 가지고도 남자를 사랑의 포로로 만들 수 있는 것이다.

조금만 의식적으로 행동할 수 있게 되면, 여자는 천성적으로 타고난 사랑의 기교를 구사할 수 있다. 본질적으로 그런 자질을 가지고 있는 것이 여자이기 때문이다.

나는 지금까지 사랑이란 용어를 주로 섹스에만 한정해서 사용해 왔다. 그렇다고 해서 사랑이 섹스에 의해서만 이루어지는 것이 아님을 구태여 강조하고 싶지도 않다. 말할 필요조차도 느끼지 않는다.

여자의 성이 오묘하다는 것은 이미 말했다. 이에 반해 남자의 성은 지극히 직선적이고 단순하다. 동시에 아주 성급하여 제어 능력이 거의 없다.

남자는 섹스를 하면 반드시 쾌감을 맛보게 된다.

그러나 섹스 경험이 많다고 해서 쾌감의 강도가 높아지는 것은 아니다. 이 점에서 여성은 전혀 다르다. 섹스를 한다고 해서 반드시 쾌감을 맛본다고 할 수는 없다.

경험의 정도에 따라서, 혹은 상대 남자의 테크닉 여하에 따라서 쾌감의 정도도 크게 변화한다. 또한 쾌감의 극치가 남자

보다 훨씬 크고 깊어서 거의 무한대에 가깝다고 해도 틀리지는
않을 것이다.

흔히 남자들은 동정 딱지를 뗄 때는 무아지경이라 뭐가 뭔지
전혀 몰랐다거나, 기술이 얼마나 좋은지 아직까지도 그런 맛은
보지 못했다는 말들을 하고는 한다. 남자가 느끼는 쾌감에도
많은 변화가 일어나는 듯 보인다.

그러나 사실은 그렇지 않다. 남자가 느끼는 쾌감에는
결정적인 차이가 없는 것이 보통이다. 단지 그 당시의 심리적
상태 또는 분위기, 상대 여성의 성적 기교에 따라서 같은
절대치를 틀린 것으로 착각하는 것일 뿐이다.

이러한 사실은 남자가 얼마나 감정적인가를 잘 나타내 준다.
남자가 섹스를 통해 느끼는 쾌감은 지극히 단순하고 깊이가
없는 대신 아주 심정적이라는 점에서 보면, 이 또한 신의 오묘한
조화로 빚어진 것이 아닌가 하는 생각이 든다.

그러므로 남자의 사랑은 경우에 따라서는 심리적 요소가
아주 강하게 작용하기도 한다. 그처럼 남자는 단순한 심리
작용에 의해서 자신의 판단을 맡기는 경향도 있다는 점을
기억하기 바란다.

참고로 말해 두지만. 내가 얘기하고 있는 것은 남자 전반의

경향에 대한 것이다. 남자라고 해서 누구나 다 심리적인 것은
아니다. 남자 가운데는 아주 몰지각한 사람도 있어서 사회
문제를 일으키기도 한다. 그러므로 많은 개인적인 차이를
가지고 있기도 하다.

　　물론 세상 사람들 가운데 똑같은 사람은 하나도 없을 것이다.
이러한 사실은 여러분도 이미 경험을 통해서 잘 알고 있을
테지만, 어쨌든 남자의 심리도 계산할 필요가 있다는 것만은
명심하기 바란다.

현명한 여자는 스스로 사랑의 울타리를 걷는다

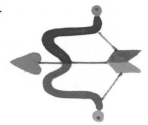

지방의 어느 여자 전문대학에서 실시한 앙케이트 결과를 본 적이 있다.

질문은 친구들과 만나서 주로 화제에 올리는 것이 무엇인가를 묻는 조사였는데, 참으로 한심하지 않을 수 없었다.

답은 사치, 남성, 연예인 등 주 관심사가 이 세 가지로 요약되는 데는 감히 놀라지 않을 수 없었던 것이다. 원 그래프를 그려보니 한마디로 이 세 가지가 대부분을 차지하고 있었다.

나는 이 조사 결과를 보면서 문득 좌우 시야를 가린 채 질주하는 경마장의 말이 연상되었다. 시계를 좁혀서 달리는 데만 집중시키기 위해 좌우 눈을 가린 말, 그 수동적이고 기계적인 말이 연상되었던 것도 무리는 아니라고 생각한다.

　이 거대하면서도 한없이 복잡한 세상에서, 여대생들의 지적 호기심이 그렇게도 낮은 수준이라고는 도저히 믿어지지 않는다.

　주된 화제가 고작 그 셋으로 압축된다는 사실이야말로 눈가리개를 씌워 달리게 하는 경마장의 말과 조금도 다르지 않다는 것을 여실히 드러내 주는 것이다. 아니, 오히려 그보다 더 심하다고 해도 과언이 아닐 것이다.

　경마용 말은 스스로 눈가리개를 걸친 것이 아니지만, 여대생들의 경우에는 스스로가 안대를 걸치고 있는 셈이니 말해 무엇하랴!

　적어도 여자가 학교 교육을 받거나 지적 호기심의 자극을 받을 기회는 옛날과는 비교도 안될 만큼 확대되었다.

　또한 교육에 관한한 남녀의 차가 거의 없다고 보는 것이 타당하다. 그만큼 여성들의 자기 계발에 대한 기회도 만만치 않은 것이 현실이다.

　그럼에도 불구하고 아직도 편협한 세계에 스스로를 가둬둔 채 더 넓은 세계로 나아가지 못하는 이유는 무엇일까? 아직까지도 사회 구조가 여성에게 불리하게 작용하기 때문에 인생역정도 좁은 범위 안에서 이루어질 수밖에 없다고 말한다면 큰 오산이다.

여성을 좁은 울 안에 가둬 두고 있는 것은 여성 자신들이기 때문이다. 그런 생각을 한다면 비방을 받아도 할 말이 없을 것이라고 나는 생각한다.

배우 아무개가 멋이 있다, 최신 유행하는 옷은 무엇이다, 수입 화장품은 무엇이 좋다 등등 그런 이야기들도 나름대로는 필요할 것이다. 관심을 가져서 나쁠 것은 없다.

그러나 중요한 것은 그런 외형적인 것에만 흥미를 느낀다는데 있다. 참으로 딱한 현상이 아닐 수 없다.

어느 한정된 것 외에는 전혀 관심을 기울이지 않는 여성들에게서 남자들이 느끼는 반응은 그저 천박하다는 생각밖에 없다고 생각하면 틀리지 않을 것이다.

적어도 결혼이라는 전제를 내걸고 있는 남성들에게 시야가 좁고 편협한 여성은 부족하게 보이는 것이 당연하다.

이처럼 협소한 시야를 넓혀 볼 생각도 하지 않으면서 매력적으로 보이려는 여성이 있다면, 이제 좋은 남자를 만날 생각은 아예 버리는 것이 좋다. 찾아보면 그 수준에 맞는 남자도 있기는 있을 것이다. 남자든 여자든 자기 자신의 존재부터 자각하는 것이 급선무다.

폭넓은 관심을 가지는 것은, 남자의 마음을 헤아리고
계산해서 사랑의 매력을 연출시킬 수 있는 바탕이 되는 것이다.

현명한 여자만이 남자의 마음을 본다

　앞에서 관심의 폭을 넓히고, 시야를 넓게
가지라고 했다. 참된 행복에 이를 수 있는 유일한
길은 그러한 계산법 밖에 없다.
　시야를 넓게 가지면 사물을 입체적으로 볼 수
있는 눈이 생긴다. 어떤 사물이 시점에 따라 전혀
다른 물건으로 보일 수도 있음을 가르쳐 준다.
　그러한 눈을 질료로 할 때에야 비로소
정확한 계산이 가능해진다. 남자를 보는 눈도
마찬가지다.
　젊은 여자로서는 보기 드물게 똑똑하다고
자부하는 여성이 있었다. 그녀에게 사랑하는
사람이 생겼다. 상냥하면서도 자상한 성격에
반했다며 자랑을 늘어놓았다.

어깨를 맞대고 걸어가는 경우, 그녀가 추워서 몸을 웅크리면 얼른 코트를 벗어 입혀 준다. 차에서 내릴 때는 언제나 문을 열어 주고, 거리에서는 반드시 차도 쪽에서 그녀를 보호하면서 걷는다.

이밖에도 여러 가지가 더 있지만 생략한다. 그러나 이렇듯 이 외형적인 것만으로 남자가 참으로 상냥한 사람이라고 단정할 수 있을까? 또 외형을 보고 그 사람의 성격을 정확하게 읽을 수 있을까?

그렇지 않다. 겉으로 드러나는 행위와 속마음은 전혀 다를 수도 있기 때문이다.

그녀의 경우에도 그러한 남자의 행위가 반드시 자상하다는 것을 증명해 줄 만한 근거가 되지 못한다. 단지 그가 세속적인 예의에 대해 잘 알고 있다는 것에 불과하다.

그리고 실제로도 무뚝뚝한 체하는 남자 쪽이 오히려 상냥하고 자상하다는 통계가 나와 있다. 여자에게 큰 소리로 꾸짖는 남자가 더 상냥한 사람일지도 모르는 것이다.

이 남자의 경우에도 그녀가 생각하고 있는 것과는 전혀 다른 인간일 수도 있다.

가령 그처럼 상냥한 남자일지라도 직장에서는 여성들에게

무자비하게 대할지도 모른다. 그러니 베풀기를 좋아하는 남자를 만나면 일단 의심부터 먼저 해 보라. 지나친 친절은 가식일 경우가 많기 때문이다.

또 일에 대해서는 유능하다는 인정을 받았지만 동료들 사이에서, 혹은 기타 인간 관계 전반에서는 좋지 못한 평판을 받고 있는 사람들도 우리 주변에는 많이 있다.

그런 사람들은 협조와 조화를 기반으로 하는 회사에서는 그 유능함마저도 발휘할 수 없게 될 것이다.

조금 각도를 바꿔서 생각해 보자. 여러 가지 계산이 가능하다. 그 계산 여하에 따라서 행복해질 수도, 그렇지 않을 수도 있다.

최근에는 집과 차가 있고, 부양할 노인이 없어야 한다는 것을 결혼 조건으로 내세우는 여성들이 많다고 한다.

즉 아파트 열쇠, 집 열쇠, 차 열쇠 등 세 개의 열쇠가 갖추어져 있어야 한다는 것이다. 어떤 식자가 이러한 여성들의 결혼관을 높은 어조로 비난했다.

그는, 결혼에서 가장 중요한 것은 애정이지 무슨 조건을 붙이는 것은 타산적인 현대 여성들의 정신적 황폐에서 비롯된 것이라고 주장했다.

애정과는 전혀 상관없이 그런 조건들에만 중심을 두는
것이야말로 산업사회의 병폐 가운데 하나라고 역설했다.

이 말은 나에게 다소 충격적으로 들렸다. 결혼이 현실적인
생활인 이상 집이란 없는 것보다 있는 편이 좋고, 차도 있는
것이 더 좋다.

고부간의 갈등 문제도 요즘에는 TV 드라마나 문학 작품에서
보듯이 아주 빈번하게 오르내리는 주제 가운데 하나이기는
하지만, 대단히 해결하기 어려운 문제이므로 시부모가 없는
편이 좋다는 것은 뻔한 일이다.

여자가 결혼하는데 이런 조건을 요구하는 것도 현실적인
면에서 보면 그릇된 것이라고만 볼 수 없는 일이다.

다시 말해서 경영이 불안정한 중소기업보다 대기업이 좋고,
임금은 적은 것보다 많은 편이 좋으며, 만년 평사원보다는
엘리트 코스를 밟고 있는 편이 좋다.

그것은 당연한 생각이다. 결혼도 마찬가지로 많은 조건을
음미해 보는 편이 좋고, 또 그렇게 해야 한다고 나는 생각한다.

그러나 이런 조건들을 모두 갖추고 있는 남자는 그리 흔치
않을 것이다. 집과 차가 있고, 시부모 없는 남자를 고르기란
참으로 어렵다. 그런 남자를 만날 기회를 잡으려고 한다면

가능성은 점점 더 희박해지기만 할 뿐이다.

설혹 그런 남자가 당신 앞에 나타났다고 해도 그가 과연 당신을 선택할 것인지 아닌지의 여부도 만만치 않다. 아니 가능성이 거의 없다고 보는 편이 좋을 것이다.

문제는 결혼 조건 가운데 어디에 중점을 둘 것인가 하는 점이다. 인격적인 면일 수도 있고, 애정일 수도 있다. 혹은 돈이나 지위, 가문 가운데 어디에 초점을 두는 것이 당신의 결혼 생활을 가장 행복하게 해 줄 수 있을 것인가?

어디에 중점을 둘 것인가. 당신의 선택이 기다리고 있다.

불필요한 의심은 남자를 멀어지게 한다

P양에게는 애인이 있다.

대학 시절부터 교제를 해 왔다고 한다. 어느 잡지사에서 편집 아르바이트를 하고 있어서 몇 번 그녀와 대화를 나눌 기회가 있었는데, 그때 자기 애인에 대한 얘기를 들려주었다.

그는 기능공으로 근무하고 있는데. 일이 안정되면 결혼할 계획이라고 했다. 최근에는 생활이 안정될만 하면 서둘러서 결혼식을 올리는 커플들이 많아지는 경향이 있는 것 같다.

그 가운데는 아주 신중하고 건실한 사고방식을 가진 젊은이들도 많다는 점에서 나는 수긍이 가지 않는 것은 아니다.

어느 날 거리에서 우연히 그와 함께 있는

P양을 만났다. 그를 소개해 주는데, 인상도 좋거니와 대단히
훌륭한 청년이었다. 그런 일로 인해서인지 P양은 스스럼없이
그에 대한 얘기를 들려주었다.

그러나 최근 몇 달 사이에 이 커플의 관계가 원만하게
진행되지 않는다는 것이다.

"어때. 그와는 잘 되어가는가?"

농담조로 이렇게 물으니 대답이 시원치가 않았다. 자주
만나지 않는 모양이었다.

그래 이러니 저러니 캐물을 수도 없는 노릇이고 해서 그저
원만하지 못한가 보다는 느낌만 가지고 그럭저럭 얼마를
보냈다.

그러다가 원고 일로 그녀가 나를 찾아 올 기회가 생겼다.

"그는 여전히 건재한가?"

내가 묻자, 그녀가 더듬더듬 대답을 했다.

"그와 결혼을 하지 않을지도 몰라요. 지금 생각 중이에요."

요컨대 그가 다른 여자와 사귀고 있다는 것이다. 같은 회사에
근무하는 B양인데, 어쩐지 둘의 관계가 수상하다는 것이다.

"단지 회사 동료로 알고 지내는 사이에 불과해. 너라고 해서
편집국 남자들과 차 한 잔 술 한 잔 안 마셔 봤겠어? 내 경우도

그것과 똑같아."

그녀가 캐묻자 그는 이렇게 대답하더라는 것이다. 그리고는
계속해서 말했다.

"지난 토요일에 내가 만날 약속을 해 놓고 일 때문에 나가지
못하게 되었지 뭐예요. 그랬는데 글쎄, 내 대신 그 여자와
극장에 가지 않았겠어요?"

그러면서 이미 둘의 관계가 직장 동료나 친구 사이를 넘어선
것 같다는 말을 덧붙였다.

더 다그치든지, 좋지 않은 기분을 그대로 표출하든지 하면
좋을 것인데, 그녀는 그렇게 하지도 못하는 것 같았다.

그와 만나기만 하면 비비 꼬면서 끈덕지게 물고 늘어져
계속해서 비방만 하는 모양이었다. 그러면 그는 그대로 화가
나서 심술과 고집만 부리고, 좀처럼 분명한 태도를 보이지 않는
다는 것이다.

따라서 그와 만나게 되면 하찮은 일로도 말다툼을 벌이고,
결국 살얼음판 같은 분위기로 몰고 가게 된다는 것이다.
그렇다고 똑 부러지게 헤어지자는 것도 아니다.

서로 비방에 비방을 거듭하면서 어색한 관계를 지속시키고
있는 것이다. 그렇게 질질 끌어가서야 될 일 하나 없다.

"한번쯤 있는 감정을 그대로 폭발시켜 버리면 어떨까?"

들다 못해 내가 한마디 하자,

"그렇게까지 할 수야……"

하며 말꼬리를 흐린다.

그녀도 한 번 B양을 만난 적이 있다고 했다. 고졸 여성으로 비교적 앳된 얼굴이기는 하지만, 그다지 미인은 아니었다고 한다.

그런 B양을 상대로 질투하고 화를 낸다는 것이 어쩐지 자기 자신을 격하시키는 일이라고 그녀는 생각하고 있는 모양이었다.

게다가 정면으로 그 문제를 들고 나왔다가 진짜로 헤어지게 되면 어떻게 하나 하는 생각에 두려워하는 것도 같았다. 그래 나는 그저 가만히 있을 수밖에.

싸울 줄 모르는 사랑은 위험하다

요즘 젊은 남녀들은 싸움을 할 줄 모르는
사람들이 아닌가 하는 느낌이 든다.

교육 관계자들의 말을 들어보면, 요즘에는
학교에서 싸움이 벌어지는 일은 별로 없다고
한다. 일대 일로 맞붙는다든가, 혹은 철저하게
토론을 벌이는 일은 초등학교나 중 ·
고등학교까지도 별로 없다는 것이다.

그렇다고 해서 개인과 개인이 대립하는 장면이
없어졌다는 것은 아니다. 그러나 그런 경우에도
직접 해결하는 것이 아니라 교사에게 호소하거나
조정을 통해 해결하든지, 학급 토론회에 부쳐서
해결한다고 한다.

그런데 이상하게도 폭력 사건은 늘고 있다.

뭔가 겉으로 약아지기만 했다는 느낌이 강하게 든다. 폭력
사건이 근절되지 않고 더 많아졌다는 사실도 여기서 연유하는
듯하다.

완력을 휘둘러서 공격하는 것은 상대방이 확실히 약자라는
것을 알 때 한해서라고 한다. 무엇보다도 집단적으로 한 사람을
구타하는 경우가 많다고 하니 참으로 안타까운 일이 아닐 수
없다.

어려서부터 이러한 사고방식을 가지고 자라나서야 어떻게
인간다운 인간으로 성장할 수 있다고 장담할 수 있겠는가.

각설하고 노기와 노기가 맞붙으면 뜻밖에도 정신을 정화해
주는 작용을 할 수 있다고 한다.

내 경험으로도 싸움의 뒤끝에는 이기거나 지고를 막론하고
기분만은 언제나 개운해진다. 이런 맛을 전혀 모르는 채,
다시 말해서 일대 일로 부딪쳐 싸워 본 경험이 없는 사람들은
싸움이라면 아예 질겁부터 하게 된다.

어려서는 개구쟁이로 키우라는 말을 나는 하고 싶다.
동무들과 어울려 뛰놀고, 혹은 싸우고 하면서 커가는 것이
진실로 어린이다운 모습이다.

부모들의 지나친 과보호야말로 아이들을 약하게 만드는 근본

원인이라고 나는 믿는다.

어쨌든 남녀 관계에서도 싸운 적이 없는 커플들이 많아지는 것 같다. 앞에서 얘기한 연인의 경우도 그런 부류가 아닌가 싶다.

싸우는 것도 아니요, 싸우지 않는 것도 아니다. 그저 뜨뜻미지근하게 서로를 비방하면서 관계를 지속해 나가고 있을 뿐이다.

이래서는 두 사람 사이가 절대로 좋아질 리 없다. 안될 때는 한 번 강하게 부딪쳐 보는 것도 좋다.

싸우는 방법도, 싸울 줄도 모르는 커플은 아주 곤란하다.

피곤한 여자가 되지 말라

'여자여! 끊임없이 질투하라. 그리고 싸우라.'

이것이 나의 지론이다. 싸우지 않고. 싸움에
익숙하지도 못하면 여성의 인간 관계는 아주
비좁아진다는 것을 여러 차례 말한 바 있다.

그렇다고 해서 싸움을 권장하는 것은 아니다.
싸워야 할 때 싸우라는 말이지 무턱대고 싸우라는
말은 결코 아니다. 질투 또한 마찬가지다. 허구한
날 질투만 하다가는 될 일도 안 된다.

싸움은 칼의 양날과 같다. 양극이 대립할 수도
있는 것이다. 경우에 따라서는 그때까지의 관계가
몽땅 무너질 수도 있다. 싸움에도 정도가 있고
방법이 있는 것이다. 여기서는 다만 독자들의
수준을 고려해서 일일이 말하지 않았을 뿐이다.

한 커플이 있다.

둘은 오랫동안 사귀다가 뒤늦게 결혼을 했다. 결혼이 지연된 것은 남자의 월급 봉투만 가지고는 가계를 꾸려나가기가 벅차다는 점도 있었고, 여자 쪽의 우유부단한 성격 탓도 있었다.

우물쭈물하면서 이렇다 저렇다 대답을 하지 않으니 남자 쪽에서도 저 여자가 과연 나와 결혼하고 싶어하는가 하는 의문이 들기도 했던 것이다. 그러는 동안 남자는 다른 여자와 접촉하기 시작했다.

그렇지만 결국은 두 사람은 결혼을 하게 되었다. 여자는 얼굴도 곱상하고 상당한 미인에 순종형이었다. 그러나 2년 만에 여자는 친정으로 가고 말았다.

서로 별거하면서 이혼을 하내 안 하내로 옥신각신하면서 지금까지도 그런 생활을 계속하고 있다고 한다.

내가 보기에 주원인은 무분별한 싸움이다.

남자가 잔업으로 귀가가 늦어지는 날이 계속되었다. 물론 잔업뿐만 아니라 동료들과의 술좌석, 회식, 그리고 때로는 고스톱 등 여러 이유가 있었을 것이다.

여자는 차츰 퉁명스런 얼굴로 변해 갔다. 급기야는 남자를 비난하기 시작했다.

문제는 바로 그 비난에서 비롯되었다. 현재의 일만을 가지고 트집을 잡는 것이 아니라 몇 년 전에 일어났던 일들을 끄집어내 하루가 멀다 않고 시비를 걸어대는데는 남자도 도저히 참을 수가 없었다.

그때 당신이 이런 짓을 해서 내가 얼마나 고통스러웠는지 아느냐며 노발대발하는 것은 예사요, 내가 그렇게 했다면 당신은 나를 죽이고 싶었을 것이라며 이 시비 저 시비를 걸어대니 그야말로 죽을 지경이었을 것이다.

요컨대 당해 보지 않은 사람은 모른다는 것이다. 이제까지 속고만 살아왔다느니, 당신이 해준게 도대체 뭐가 있느냐느니 하면서 원망을 토로하고 고통을 호소한다.

심지어는 기억도 나지 않는 가벼운 일까지도 끄집어내 이리 부풀리고 저리 튕겨서, 나는 그토록 쓰라림을 맛보았는데……
하면서 새로운 시빗거리를 찾아내기에 여념이 없다. 남편에게는 참으로 피곤한 여자로 보이기 시작하는 것이다.

그런 일이 계속 반복되다보니 남자도 이제는 더 이상 참을 수 없게 되었다. 그만 폭발해 버린 것이다. 치고 받고, 그야말로 장난이 아니다.

한번 깊이 생각해 보면, 그녀의 말이 모두 맞는지도 모른다.

지나간 일이기는 하지만, 남자에게는 아무리 사소한 일이었을 지라도 여자에게는 그렇지 않을 수도 있는 것이다.

그러나 해결할 수 있는 방법은 얼마든지 있었다. 자신의 심정을 그대로 털어놓고 서로 상의를 해가면서 얘기를 할 수도 있었을 것이다. 자신의 감정을 그대로 삭혀둔 채 남편이 잘 하기만을 기다리고 있으니 될 턱이 없다. 남자는 남자대로 그런 것에는 전혀 신경을 쓰지 않는 사람인지라 뜻대로 되지 않는 것은 당연하다.

그렇게 계속 생활하다보면 감정만 쌓이게 되고, 그러나 끝내는 남편을 믿지 못하게 되는 것이다.

이제부터는 감정상의 문제가 아니라 병적인 문제다. 더 이상은 고통을 견디지 못해 별거하기에 이른 것이다. 물론 남편의 잘못이 크다는 것 또한 당연하다 하겠다.

이런 점에 남자는 한없이 약하다

또 다른 이런 남녀도 있다.

두 사람은 연인 사이다. 그런데 언젠가 여자
쪽에서 심하게 남자를 비난했다. 흥분에 들뜬
목소리로 남자를 질책했던 것이다. 그녀가 그
같은 분노를 터뜨린 것은 처음 있는 일이었다.

불평의 원인은 남자가 바람을 피웠다는
데 있었다. 심한 욕설을 퍼부으며 삿대질까지
해대는 것이다. 그러자 남자는 즉각 반론을
제기했다.

사실 바람을 피운 적이 있기는 했지만,
여기서 인정해 버렸다가는 끝장이라는 생각에
도리어 더 펄펄 뛰면서 극구부인하였다.

무슨 증거를 갖다대더라도 인정할 수 없다는

식으로 나가니 싸움의 양상은 그야말로 점입가경이었다. 여자는 심지어 거칠게 대들며 남자의 옷자락을 붙잡고 매달리는가 하면, 주먹을 쥐고 남자의 가슴팍을 쥐어박기도 했다.

싸움의 종지부를 찍은 것은 그러나, "미안해요." 하는 여자의 단순한 말 한마디였다. 의심해서 죄송하다고 울며 사과를 하더라는 것이다.

"사실은, 그 사람이 바람을 피우지 않았다고 극구부인했다고 해서 그 말을 믿었던 것은 아니에요. 바람을 피운 것은 사실이거든요. 그러나 할 만큼 해서 기분이 개운해졌어요. 바람을 피웠다고 해도, 그렇게 열심히 부인하는 것을 보면, 그 만큼 나를 소중하게 생각했기 때문이 아니겠어요? 그래서 이 정도에서 끝내고 용서해 주자는 마음이 든 거죠. 사과한 것은 내가 잘못해서가 아니라, 그렇게 하지 않으면 싸움이 수습되지 않을 것 같아서 그랬던 거예요."

뒷날 그녀는 이렇게 말했다. 참으로 현명한 여자라고 나는 생각한다.

남자 또한 그 싸움 이후 그녀에 대한 애정이 더욱 두터워져서 바람 피운 사실을 그대로 인정하고 앞으로는 절대 바람을 피우지 않겠다고 약속까지 했다고 한다.

그 이후 두 사람의 관계는 점점 더 좋아져서 곧 결혼을 할 예정이라고 하니 아주 잘된 일이다.

이처럼 싸움은 슬기롭게 하지 않으면 안 된다. 관계를 아주 청산해 버리려면 어떻게 싸우든 상관없겠지만, 둘의 관계를 지속시키고 싶으면 무모한 싸움은 금물이다. 그러므로 슬기로운 싸움은 얼마든지 해도 좋다. 그것은 두 사람의 관계를 더욱 촉진시키는 촉매제 역할을 할 것이다.

이제 슬기로운 싸움이 어떤 것인지 당신도 알게 되었을 것이다.

꽃과 향기는 나비에게 주고 열매를 취하라

　　싸움은 일단 시작하면 격렬하게 해야 한다고
나는 생각한다. 이왕이면 심각한 표정으로 하는
것이 좋다. 마음의 울분을 터뜨리면서 자신의
심정을 온전히 드러내 놓고 부딪히는 것이다.

　　서로가 마음의 문을 열고 가슴이 후련해질
때까지 싸움을 계속하다 보면 차츰 해결의
실마리가 생기게 마련이다.

　　그 동안 보이지 않던 부분들이 새록새록
보이기 시작한다. 그저 아련하게만 보이던 것들이
점차 뚜렷해지고. 한순간의 분노가 눈 녹듯이
사라져 버릴 때 사랑은 불꽃으로 타오른다.

　　간혹 당신의 분노가 아무 것도 아닐 경우도
있다. 때로는 단순한 의혹일 수도 있으며, 아주

심각한 것일 수도 있다. 심각할수록 슬기로운 싸움의 효과는 크다. 그것이 싸움의 진정한 부산물이다.

단 한 가지 명심할 것은 싸움의 목적은 언제나 이기는 데 있는 것이 아니라 지는 데 있다는 점이다. 이에 대해서는 더 설명할 필요가 없을 것이다.

상대에게 꽃을 주더라도 당신은 의연히 열매를 차지하면 좋지 않은가. 빼앗기거나 빼앗는 것이 아니라 주고받는 것이 싸움이다. 이렇듯 싸움의 승부는 표면적인 것에 불과하다는 점을 깨달아야 한다.

따라서 슬기로운 싸움의 포인트는 끝날 무렵에 있다고 할 수 있다. 타이밍을 잘 포착해서 "미안해요" 하고 사과한다.

단지 이러한 남녀간의 싸움뿐만 아니라, 전쟁이나 분쟁도 본질적으로는 같다. 어떻게 상대를 굴복시키느냐가 아니라 어떻게 수습할 것인가가 중요하다. 땅을 차지하기 위해서 하는 싸움은 폭력이나 다름없다.

나라와 나라의 전쟁 또한 철저하게 상대를 추격하고 굴복시키려 들면, 결국에는 세계를 분쟁 속으로 휘몰아 넣거나 더 큰 전쟁을 유발해 인류에게 막대한 재앙을 입히게 된다.

어느 단계에 이르면, 회담을 통해 해결의 실마리를 찾아내는 것이 상수다. 현재와 같은 국제 사회에서는 이것이 대단히 중요하다.

이는 기업이나 회사의 노사 분규 같은 경우에도 해당한다. 노사 양측이 철저하게 자기 주장만을 고집하면 해결은 어려워진다. 심하면 노사가 함께 쓰러질 수도 있다.

쌍방이 체면을 유지하면서 서로 절충할 수 있는 실마리를 찾아 수습을 도모하는 것이 가장 현명한 방법이다.

남녀 관계에서도 상대를 철저하게 몰아붙여서는 도저히 원만한 해결책을 찾을 수 없다. 변명하거나 도망갈 수 있는 길을 하나쯤은 마련해 두는 것이 좋다.

상대가 막바지에 몰려 최후의 도피처에 이르렀다고 생각되면, 이제 그만 당신의 주장을 살짝 오므린다. 이렇게 할 수 있다면, 당신은 이미 현명한 여자이다.

일단 화의가 성립되고 나면, 두 사람의 관계는 전보다 한층 더 발전해 있을 것이다. 흔히 남자들은 말한다.

"정색을 하고 대드는 여자를 보면 미워보이다가도 어쩐지 귀엽다는 생각이 들게 된다. 정색을 하고 대들다가도, '미안해요' 그 한 마디를 들으면 가슴이 찡해진다."

아무리 생각해도 납득이 가지 않는 일이 있으면

우물쭈물하지 말고 과감히 싸움을 걸어보라. 사랑하는 사람끼리
서로 불만을 품고 있다는 것은 둘의 관계를 생각해 보더라도
절대로 좋은 일이 아니다.

끝으로 말해 두지만, 당신이 "미안해요"라고 해도 계속해서
투덜대는 남자가 있다면, 한번 곰곰이 생각해 볼 일이다. 이런
남자야말로 가장 남자답지 못한 사람이다.

물론 여자 쪽에서도 일단 사과를 했으면, 다시는 같은 문제를
가지고 되풀이하지 말아야 한다. 그것이 사랑의 끈을 더욱
돈독히 하는 길이다.

한마디의 말이 여자를 혐오스럽게 만든다

"매일 같은 상대와 데이트하는 사람이 있던데.
실증도 안 나는지 원, 나라면 그런 것은 질색이야.
매일 반복해서 똑같은 사람을 만나면 정말
피곤해져."

"그래? 나는 내가 좋아하는 사람은 하루라도
만나지 않고는 못 배겨. 그래서 난 길게 못
가는 봐. 왜냐하면 쉽게 뜨거워지고 쉽게 식는
성격이니까."

지하철 안에서 회사원들로 보이는 일단의
여성들이 수다를 떨면서 하는 내용이다.

나는 '저런!' 하고 속으로 혀를 찼다. 젊은
여성들의 수다가 너무 지나친 것이 아닌가 하는
생각이 들었기 때문이다.

집에 돌아와서 TV 스위치를 누르니 어떤 여배우가 인터뷰를 하는 장면이 비쳤는데 정상급 여배우가 현재 겪고 있는 권태감에 대해서 장황하게 늘어놓고 있었다.

질문에 대한 그녀의 답변은 이렇다.

"결혼은 전혀 생각하고 있지 않습니다. 만약 결혼을 하게 된다면 일은 그만두겠어요. 가정과 일은 양립시킬 수 없다고 생각해요. 나는 그렇게 재주 있는 사람도 아니고요. 또 애인이 생긴다고 해서 숨기거나 하지는 않겠어요. 나라는 사람은 그런 것은 딱 질색입니다. 내 자신이 떳떳한데 숨길 일이 뭐 있겠어요."

나는 또 한번 놀라지 않을 수 없었다.

왜냐하면 '나라는 사람'이라는 말을 너무 쉽게 연발하기 때문이었다. 게다가 이 '나라는 사람'이라는 어법과 마주쳐서는 그저 입을 다물 수밖에 없었다. 이러한 어법은 참으로 귀에 거슬려서 아니꼽게까지 여겨진다.

가끔 젊은이들이 참여하는 좌담회에 끌려나가곤 하는데, 거기서도 '나라는 사람'이 홍수처럼 쏟아져 나온다.

남자들 입에서는 이런 말을 쉽게 들을 수가 없다. 이 말은 요즘 젊은 여성들 사이에서 전매특허처럼 사용되고 있다.

이 말이 젊은 여성들 입에서 유행어처럼 툭툭 튀어나오는 것은, 어쩌면 어떤 경향을 반영하고 있는 듯한 느낌이 강하게 든다.

한번은 여성 좌담회가 끝난 뒤 담당 편집자와 술좌석에 마주 앉아서 이에 대해 논의를 한 적이 있다.

그의 의견은 이러했다.

"여자가 강해졌다고 하는 점은 바로 그런 표현이 아니겠습니까? '나라는 사람'이라고 자기를 강조해서 표현함으로써, 자신감이 넘친다는 것을 반증한다는…… 참으로 여성이 강해지기는 강해졌지요. 나도 압도되어서 기가 죽어버릴 정도니까요."

"정말 그렇게 강해졌을까요?"

나는 어이가 없어서 이렇게 반문했다.

"강해졌다고 생각하지 않습니까? 나 같으면 그렇게 하고 싶어도 자신이나 배짱도 없는데, 저렇게 당당히 자기를 내세우는 그녀들을 보면 정말로 강하다는 생각이 듭니다."

"확실히 여성이 강해지기는 강해졌지요. 그 의견에는 나도 동의합니다. 그러나 그렇게 '나'를 강조해서 내세울 수 있을 만큼 강해진 것일까요?"

"선생님은 그렇지 않다고 생각하십니까?"

"적어도 '나라고 하는 사람은' 정도로 강조할 만큼은
아니라고 봅니다. 내 자신도 페미니스트라고 스스로 주장하고는
있지만, 그것은 여성들이 참으로 강한 힘을 지니기를 바라는
입장에서이지, 이런 정도는 아닙니다. 그것은 오히려
혐오스럽기까지 합니다."

"무슨 뜻인지 자세히 설명해 주시지요."

"자세히 말하자면 시간이 길어집니다. 다음에 기회가 있으면
하기로 하고 지금은 술이나 마십시다."

애기할 기분이 아니어서 대화를 중단하고 나는 그의 잔에
술을 채웠다.

편협한 주장에서 벗어나는 여자가 되라

　'나는 이런 사람'이라고 자신을 진단하는
사람들을 보면, 대체로 그러한 진단과 틀린 점이
의외로 많다는 사실을 발견하게 된다.

　특히 젊은 사람들의 경우에는, 너무
성급하게 자신을 진단하고 규정하기 때문에
이러한 차이점이 더욱 두드러진다. 자기 자신을
객관적으로 바라본다는 것은 말처럼 그리 쉽지는
않다. 오히려 아주 어렵다고 보는 것이 좋을
것이다.

　얼마 전에 이런 여성을 만난 일이 있다.

　나는 그다지 아이들을 좋아하는 편은
아니지만, 그들을 바라보는 것만으로도 행복감을
얻는다. 순진하고 티없이 맑아서 가만히

바라보고만 있어도 저절로 얼굴에 미소가 감도는 것이다.

아이들은 변덕도 기교도 없다. 그저 직선적이고 단순하다. 그러니 만큼 성격이나 감정의 움직임도 쉽게 알 수 있다. 그들을 바라보고 있노라면 재미있는 장면도 우스운 장면도 아주 자연스럽게 발견하게 된다.

공원에서 아이들이 놀고 있었다. 아직 초등학교에도 들어가지 않은 예닐곱 살의 또래들로 보였는데, 그 가운데 한 여자아이가 무리와 떨어져서 혼자 귀퉁이에 앉아 있었다. 이유는 그 아이가 아무 때나 잘 울어대기 때문이다. 같이 놀다가도 갑자기 울음을 터뜨리면 놀이가 중단되거나 깨질 수밖에 없다. 이런 일이 되풀이되다보니 외톨이가 되지 않을 수 없었다.

한마디로 여럿이 같이 노는데 방해가 되기 때문이다. 다른 아이들이 그것을 모를 리 없다. 놀이에 끼워 주지 않으려는 것은 당연하다. 그래서 그 아이를 보면 기피하고 싫어한다.

그런 점에서는 아이들이 어른들보다 포용력이 적다고 하겠다. 즉흥적이고 직선적이기 때문이다. 아직 사유의 범위가 좁다는 것은 말할 필요도 없다.

그런데도 그 여자아이의 어머니는 이런 말을 한다.

"우리 아이는 마음이 약하고 상냥해서 거친 놀이에는 맞지 않아요. 금방 쓸쓸해 하거든요."

그렇지만 과연 그럴까.

내가 보기에 그 아이는 전혀 기질이 약하지 않다. 오히려 이기려는 마음이 남보다 강한 것처럼 보인다. 응석을 부리면서 제멋대로만 하려고 한다.

그러니 자기 마음에 들지 않으면 참지 못하고, 그렇다고 어떻게 해 볼 도리도 없으니 그만 울어버리는 수밖에 없다. 내 눈에는 그렇게만 보였던 것이다. 부질 없는 짓인줄 알면서도 넌지시 이런 말을 해 보았지만, 역시나 쓸데없는 짓이었다.

"아녜요, 절대로 제멋대로가 아녜요! 우리는 아이에게 철저한 예절과 엄한 가정 교육을 해 왔기 때문에 절대로 그럴리가 없어요."

젊은 어머니는 이렇게 단언하면서 결코 받아들이려 하지 않았다. 확실히 내 견해가 맞는지 어떤지는 모르겠다. 그렇지만 이것만은 분명하다.

아무 때나 울음을 터뜨리는 그 아이에게도 자신의 견해가 있다는 점이다. 그것이 바로 견해라고는 할 수 없더라도 어쨌든 자신의 의지와 생각을 분명히 가지고 있다는 점이다.

어머니는 엄한 가정 교육을 하고 있다고 자부하지만, 자신이
자부하는 것과 사실 사이에는 많은 차이점이 있을 수 있다는
것을 놓쳐서는 안 된다.

그러나 젊은 어머니는 이에 관해서는 전혀 생각하지 못하고
있다. 자신이 이렇게 생각하고 있으면 그것으로 이미 끝이다.
누가 뭐라든 자신의 관점만을 고집하는 것이다.

물론 여기에는 자기 자식만을 중하게 여기는 어머니의
본능도 한 몫 하고 있을 것이다. 자기 자식이 어떤 아이들보다
월등하기를 바라고, 동시에 자식에 대한 지나친 보호 본능으로
인해 아이의 단점은 제대로 보지 못하며, 별것 아닌 행동을
가지고도 마치 남이 하지 못하는 훌륭한 행동이라도 한 것처럼
얼르고 추켜 세워서 장차 훌륭하게 될 것이라는 등 얼토당토
않은 환상을 품는 일 등이 좋은 실례이다.

이에 대한 좀더 상세한 논의는 다음 기회로 미루기로 하고
하던 논의를 계속하기로 한다.

그 젊은 어머니는 그런 면에서 시야가 너무 제한적이다.
이는 앞에서 언급한 '나는' 어쩌구 하는 여사원들의 경우에도
마찬가지다. 비록 관점이 다르기는 하지만 시야가 제한적이라는
점에서는 공통점을 가지고 있다.

자신이 굳게 믿고 있는 것이, 사실은 잘못된 믿음일 수 있으며, 다른 사람들이 볼 때는 전혀 어처구니 없는 일로까지 받아들여질 수 있다는 점을 모르고 있는 것이다. 자기 자신에 대한 확신이 무엇보다 중요하기는 하지만. 그것이 독단일 경우에는 많은 문제를 일으킬 수도 있다.

만일 자기 자신만 관련된 문제라면 모르겠으나, 인간이란 다른 사람들과 교통하면서 살아가지 않으면 안 되는 사회적 존재다. 그러므로 자신의 관점을 두루 살펴보지 않으면 안 된다.

자신의 믿음이 남편에게, 아이들에게 심각한 영향을 줄 수도 있는 것이다. 자신의 관점으로 인해 남에게 해를 끼칠 수도, 이득을 줄 수도 있으니 어찌 헤아려 살피지 않을 수 있겠는가.

그러니 겸허해져라. 생각하고 또 생각하라. 타인의 의견에 귀를 기울이고 다시 한 번 자신을 점검하라. 참된 인식에 이를 수 있는 길이 그 속에 있으니, 이제 당신은 진실로 강해질 것이다.

결코 태만하지 말라. 오만하지 말라. 이것이 계율이다.

5 ——————— 겸허하라, 그러면 사랑을 얻는다

피해만 본다고 생각하는 여자가 되지 말라

　사실은 겸허하다는 것만큼 용기 있는 것도
없다. 진짜 강하지 않으면 용기도 있을 수 없으며,
겸허해질 수도 없다.

　나는 흔히 독자들로부터 인생 상담에 관한
전화나 서신을 받는다. 앞에서 언급했던 잡지사
편집 아르바이트 여성의 경우 좀 다르기는
하지만, 겸허하다는 면에서 보면 결과적으로는
아주 잘못된 만남이었다.

　전해 들은 소식에 의하면 최근에 애인과
헤어졌다고 한다. 약혼식까지는 하지 않았으나,
결혼을 염두에 두고 있었으므로 육체 관계까지
맺었다고 한다.

　속된 말로 그녀가 딱지를 맞았다. 몸도 주고

마음도 주었는데 버림을 받았으니, 분하고 억울해서 도저히
참을 수가 없다는 것이다. 그래 꼭 복수를 해야만 하겠는데
어떻게 하면 좋겠느냐고 묻는다.

"나는 몸까지 바쳐가며 정성을 다했는데, 결국은 배신을
당하고 말았어요."

나는 놀라지 않을 수 없었다. 또 자기 주장만 열심히
고집하고 있는 것이다. 자기가 정성을 다 했다든가 상대가
어떻게 받아들였는가의 문제는 얘깃거리도 되지 않는다. 이것은
상호이해의 차이에서 비롯된 문제이기 때문이다.

그런데도 그녀는 계속해서 떠나버린 애인의 결점을 차례차례
열거하면서 강한 적의를 드러내는 것이다. 미움과 증오로 가득
차서 이미 제정신이 아닌 줄 알면서도 제동을 걸지 않으면 안
된다는 생각에 한마디 했다.

"그가 잘못했다는 점에 대해 수긍이 가지 않는 것은
아니오. 그러나 당신 쪽도 한번 깊이 생각해 볼 필요가
있다고 생각합니다. 그가 당신을 저버린 이유가 과연 당신이
생각한대로, 백 퍼센트 그만의 잘못이라고 인정할 수는 없기
때문이오."

"나 말인가요? 나도 인간이니까 결점이야 있겠죠. 그렇지만

저 사람은……"

또 험담 일색이다.

"그렇지만으로 일색하지 말고, 내 말은 당신의 결점에 대해서 한번 진심으로 생각해 본 적이 있느냐 이거요. 당신은 결점이 적은데 그만이 많다고 하면 누가 믿겠소."

"그럼 제가 나쁘다는 건가요?"

"아니, 그렇지는 않아요. 그러나 상대방의 결점만 이것저것 끝도 없이 늘어놓으니 어찌 불공평하지 않겠소. 그에게도 나쁜 점이 있겠지만, 내가 보기에는 당신 쪽도 잘 하지만은 않았으리라는 점이오. 그에게 들어보면 또 그 나름대로 이유가 있을 것이라 생각됩니다. 한번 입장을 바꾸어서 자세히 생각해 본 뒤에 복수할 방법을 생각해도 늦지는 않을 것이오."

"알겠어요. 선생님도 역시 남자라 같은 편을 드는군요."

그것으로 대화는 막을 내리고 말았는데, 내가 상담해 본 바로는, 연애 싸움에 관한 경우는 대체로 이 범주에서 크게 벗어나지 않는다. 상대방의 결점을 낱낱이 지적하며 헐뜯기 일쑤다.

그렇지만 자기의 소행에 이르게 되면, 하나같이 '나에게도 결점이 있겠지만, 그러나'로 일관하면서 계속해서 상대방을 꾸짖어대니 참으로 알 수 없는 일이다.

자신은 열성을 다한다고 했는데 상대방은 그렇지도 않으면서 배신까지 하니 이것이 원통해 못살겠다는 것이다.

사실 정성을 다했다고 해서 모든 점에서 면죄부가 되는 것은 아니다. 상대방도 똑같이 열성을 다했다고 하는 핑계가 성립될 수 있다. 물론 결점을 인정한다고 하더라도 그 나름대로 온 힘을 다했는지도 모르는 것이니까.

대체로 남녀의 사이가 소원해지거나 갈라지는 원인은 쌍방 모두에게 책임이 있는 경우가 많다. 그럼에도 불구하고 여성들의 경우는 일방적으로 피해자의 입장에 서려고 하는 경향이 강하다.

자신은 피해자이니 선인이요, 가해자는 곧 악인이니 악인을 비난하고 공격하지 않을 수 없다. 마치 그것이 당연하다는 듯이 자신의 결점은 생각지도 않은 채 남자 쪽의 결점만을 들추어내 찧고 까부르는 것이다.

때로는 그것이 여성이 내세울 수 있는 강점이라고 여기는 듯도 하다. 만일 그런 여자가 강한 여자라고 한다면, 조금은 한심스런 여자라고 생각된다.

참으로 강한 여자란 적어도 50퍼센트 정도의 책임은

자신에게 있다고 받아들일 수 있는 각오가 되어 있어야 한다.

여자가 피해자의 입장에 서려고 하는 궁극적인 이유는, 자신의 결점을 들여다보려는 용기가 없기 때문이다. 말하자면 겸허라고는 눈곱 만큼도 없으면서 남만 헐뜯고 업신여기는 격이다.

그러면서도 아주 겸손해 하며 남을 배려하는 척한다. 자신의 규정이 마치 지상명제인 듯이 여기면서 상대방의 결점을 눈으로 보듯 선명하게 떠벌려댄다.

모두가 이런 식이다. 물론 인간은 누구라도 자신의 결점을 다른 사람이 지적하거나 꼬집는 것을 유쾌하게 여기지 않는다. 문제는 그 유쾌하지 않음을 피해서 갈 것인가, 아니면 불쾌하더라도 과감히 받아들여 맞부닥쳐 해결해 갈 것인가 하는 데 있다.

이 문제는 아주 중요하다. 이 문제에 익숙해지면 남녀 관계의 성격을 정의할 수도 있고, 둘 사이의 만남이 어떻게 전개될지도 예측할 수 있다.

플레이보이가 여자를 꾀는 테크닉의 제1보는 절대로 상대방의 결점을 말하지 않는다는 점이다. 철저하게 칭찬을 하는 것이다.

이렇듯이 뻔하게 보이는 테크닉의 초보가 플레이보이에게는
변함 없는 금과옥조로서 여전히 위력을 발휘하고 있다는
것은, 여자가 자기의 결점과 정면으로 마주칠 용기가 없거나
싫어한다는 것을 입증하는 좋은 실례이다.
　　특히 요즘의 젊은 남자들은 자상하고 상냥한 세대니 어쩌니
하면서 부드러움에 대한 염가 대매출을 시도하고 있다. 여성에
대한 엄격함이 점차 줄어들고 있는 것이다.
　　여자도 마찬가지로 이러한 남자들의 부드러움에 익숙해져서
이제는 있는 그대로를 솔직하게 표현하거나 조금이라도
경직되어 있으면 시대에 뒤떨어진 남자라고 치부해 버리기
일쑤다. 심지어는 뭐 이런 고리타분한 남자가 다 있느냐고 화를
벌컥벌컥 내기도 한다고 하니 알만한 일이다.
　　그러나 여자의 기분에 따라서 그럴 듯하게 해 주는 남자치고
진정으로 여자를 위하는 남자는 거의 없다.
　　대체로 여자를 칭찬하거나 치켜세우는 남자는 겉과 속이
다른 인물이다. 겉으로는 위해 주는 척하면서 속으로는
얕잡아보는 것이 상례다. 이러한 사실을 알아야 한다.
　　반대로 엄격하고 공정하게 상대의 결점과 장점을 말할 수
있는 남자야말로, 겉으로는 비록 경직된 사고와 고정 관념의

틀 속에 단단히 갇혀 있는 것처럼 보일지라도 속으로는 진실로 상냥하고 자상한 사람인 경우가 많다.

　이는 우리가 일상 생활에서 흔히 접할 수 있는 예이기도 하다. 다만 우리가 그저 스쳐 지나가는 일로 받아들이거나 주의를 기울이지 않기 때문에, 또 혹은 자신이 이러한 경우를 직접 체험했을 때조차도 현실로 받아들이고 싶지 않은 그 쓸데없는 자존심 때문에 쉽게 잊혀지고마는 것이다.

　만일 당신 주위에 그런 남자가 있다면 결코 경원시하지 말고 그 말에 귀 기울여 주기 바란다. 좋은 약은 입에 쓰고, 충성스런 말은 귀에 거슬리는 법이다.

　그런 남자를 가까이 하라. 그러면 당신의 귀가 열리게 된다. 당신은 비로소 겸허의 제1보를 딛고 용기의 영역으로 나아간다. 이제 당신은 강해지는 것이다.

　그럼에도 여전히 남자에게 당신의 아름다움과 허영의 무기를 과시하고 싶다면 그대로 해도 좋다.

　당신의 모습은 그럴듯하나 이미 당신의 남자는 헤어질 준비를 서두르고 있음을 구태여 부연하고 싶지는 않다.

경제력과 여자의 행복 차이

　최근 들어 여성의 사회적 지위가 높아지고
동시에 사회적 진출이 활발해지고 있다는 것은
참으로 고무적인 현상이라고 하겠다.

　실제로 인간은 여성과 남성으로 양분되어
있다. 그러나 얼마 전까지만 해도 여성은 남성
위주의 사회 구조 속에서 수동적인 삶을 살지
않으면 안 될 정도로 상대적인 위축감에 시달려
온 것이 사실이다.

　따라서, 아직도 여전히 그렇기는 하지만.
지금이라도 정당한 사회적 지위와 역할을 찾아서
활발한 활동을 전개하고 있다는 것은 그나마
다행스런 일이라고 할 수 있을 것이다.

　이와 더불어 여성의 경제력도 향상되었다. 이

또한 고무적인 일이다. 최근까지 경제력이 없다는 이유만으로
불행을 참고 견디며 살지 않으면 안 되었던 여성들이 우리
주위에는 얼마나 많았던가.

그런 비극을 일소하기 위해서라도 여성들의 경제적인 파워가
더 강해져야 한다는 것도 해결해야 할 과제로 보인다.

기업 경제에서와 마찬가지로 가정 경제에서도 경제력의
집중은 많은 문제를 발생시킬 수 있다. 그러나 여성의 경제력
향상으로 인해서 좀더 강해졌느냐 하면 그렇지도 않다. 오히려
그와는 관련이 없는 문제로 보인다.

또 경제력이 강해졌다고 해서 어떤 좋은 점이 생겨나게
되었는지 그에 대해서도 한 번쯤 생각해 볼 문제이다. 왜냐하면
그러한 경제력 향상이 자신의 행복과 연결되지 않으면 아무
의미도 없기 때문이다.

한 예로 일본의 무로마치 막부시대에 아시카가 요시미츠
장군의 아내로 히노라는 수전노 여성이 있었다. 금전욕이
대단히 강해서 거두어들인 세금으로 치부를 하고도 모자라
가솔들이나 장군의 부하들을 상대로 고리대금업을 했다고 한다.
막부 장군의 부인이 금융업을 했다니 걸작이다.

그녀는 막대한 재력을 배경으로 정치에도 많은 영향력을

행사했다. 반면 그녀의 남편은 아내의 막강함에 압도되어 집에 틀어박혀서는 취미 생활로 나날을 보내다가, 나중에는 아내와 함께 사는 것이 하도 숨이 막혀 그만 가출까지 해서는 끝내 별거까지 하게 되었다.

그의 취미 삼매 중에 만들어 낸 걸작품이 금각사(일본 3대 사찰 중 하나)로서 지금까지도 그 아름다움이 전해져 오고 있다.

남편을 추방할 정도로 힘을 발휘하였으니, 그녀는 확실히 강한 여자였는가 보다. 그러나 그 강함이 과연 그녀를 행복하게 해 줄 수 있었을까는 의문이다.

권세는 실로 대단한 것이었지만, 여자로서는 남편에게 거의 사랑을 받지 못하였다. 아마 그녀도 남편을 사랑하지는 못했을 것이다. 물력이 강하다고 해서 행복해질 수는 없는 것이다. 물론 조건은 될 수 있을지 모른다.

그러므로 여성들의 경제적 지위가 향상되었다고 해도 그것은 하나의 부차적인 것일 뿐이지, 그것을 가지고 여성이 강해졌다는 의미로, 그리고 그러한 목적으로 경제력을 키우는 것은 오히려 가정의 행복을 뒤흔드는 시발점이라고 생각한다.

겸허하라, 그러면 사랑을 얻는다

흔히 경제력이 있는 여성들을 일컬어 캐리어 우먼이라고 부른다. 경제력을 몸에 지니고 왕성한 생활력을 발휘함으로써 떠받들거나 칭찬을 받기 일쑤다. 그것은 그것 나름대로 좋은 현상이다.

그러나 한편으로는 걱정도 생긴다. 경제력이 풍부해지고, 여성의 독립 생활이 가능해지면서 반대로 쓸쓸해 하는 여성도 늘고 있다는 추측이 든다. 이는 생활인으로서의 행복이 여자로서의 행복과 직결되지 않기 때문이라고 생각된다.

앞에 예로 든 장군 부인의 얘기는 극단적인 표현일지도 모르겠다. 그럼에도 불구하고 현대의 히노와 같은 여성이 여기저기서 집단적으로 출현하지 않을 지 우려된다.

하나를 얻으면 다른 하나를 잃는다는 말이 있는데, 이 경우에 아주 적합한 표현으로 여겨지는 것은 나만의 우려일까. 여성이기를 포기하지 않고서는 강해질 수 없다는 것은 한번쯤 생각해 볼 문제다. 아울러 경제력의 향상이 진실로 강해진다는 것을 뜻하는지에 대해서도.

내가 보기에 여성이 진실로 강하다는 것을 느끼는 경우는 사랑을 하는 여성, 그리고 아이를 낳아 엄마가 된 여성을 볼 때이다.

사랑하는 사람을 얻으면 여자는 강해진다. 그것은 진리다. 물론 경제력이나 생활력을 가지고 있더라도 사랑할 수는 있을 것이다. 사랑 받는 여자도 될 수 있을 것이다.

그렇지만 나는, 그러한 사랑을 가능케 하는 것은 물질이 아니라 겸허한 마음이라고 믿는다. 스스로 겸허하면 사랑을 잃을 리 없다. 사랑하는 사람을 솔직하고 담백하게 사랑할 수 있고, 자신의 몸을 자연스럽게 상대방에게 맡길 수 있다.

진실로 강하다는 것은 이를 두고 하는 말이다. 아무리 강하다고 자부하더라도 겸허함이 없으면 무용지물이다. 물력 또한 마찬가지다. 경제력이 있으면서도 겸허하다면 금상첨화이겠지만, 대개의 경우 그렇지 못하기 때문에 안타깝다는 것이다.

겸허한 마음이야말로 가장 강한 자기 주장이요, 자기 표현이다. 다시 한 번 강조하거니와 독자들 또한 '나'라는 자기 주장에 대해 지나치게 집착했던 것은 아닌지 자문해 보기 바란다.

만일 무의식 중에라도 사용한 적이 있을지 모르니, 이제부터라도 삼가고 또 삼갈 일이다.

남자와 여자는 다르다

　어느 스포츠 신문사 주최로 기력이 뛰어난 두 명의 젊은 여성과 바둑 대국을 한 적이 있었다.

　저녁 때부터 늦은 밤까지 두었지만, 확실히 강한 여성들이어서 혹시 2 연패의 수모를 당하는 것은 아닐까 하는 걱정도 되었다. 다행히도 1승 1패를 올려서 그나마 면목만은 유지한 셈이다.

　바둑은 대단히 이지적인 게임이다. 옛 사람들은 승부를 가리는 놀이라고 했지만, 나는 아주 이지적인 고도의 게임이라고 생각한다. 결코 우연을 기대할 수 없을 뿐만 아니라, 이론이 정연하지 않으면 지게 마련이다.

　대체로 여성은 그런 이지적인 게임에는 서툴다고 하지만, 최근에는 여류 기사도 많이

나오고 있다. 내 바둑 스승께서도 대단히 산술적이요, 이론적인 수 읽기를 잘 한다. 감정적인 면이나 감각적인 면은 전혀 찾아 볼 수가 없다.

이러한 여성들의 이지적 현상은 6 · 25 동란을 전후로 해서 변화했다고 생각된다. 전전까지는 수동적이고 피동적이라는 사고 방식이 지배적이었는데, 전후를 기점으로 이지적 변화가 일어나기 시작한 것으로 보인다.

이제는 여성도 남성과 거의 같은 수준으로 이지적이라는 사실이 여러 가지 면에서 실제로 증명되고 있다.

나와 대국한 여성들만 해도 아주 침착하고 면밀하게 수 읽기를 하면서 바둑을 둔다. 나는 상대가 두고나면 생각할 여유도 없이 곧바로 착점한다.

그러나 그녀들의 경우에는 5분이고 10분이고 충분히 생각한 후에 두는 것이다.

내가 1승을 한 것도 바둑 경력에 의해 현혹시킴으로써 겨우 이긴 것이다. 심각한 승부를 겨루거나, 그녀들이 조금만 더 경험이 풍부했더라면 분명히 패했을 것이다.

그때 내가 곰곰이 생각했던 것은 일찍이 옛 사람이 말한. '인류가 생기고 여류가 생겨났으며, 그 뒤에 원숭이가 생겼다.'

고 하는 사고 방식은 농담으로도 통용될 수 없다는 사실이었다.

연애란 무엇인가 하면, 남녀가 서로 사랑하는 것이다.

서로 사랑하려면 반드시 육체적인 교류가 필요하게 된다. 만일 그렇지 않다고 말하는 사람이 있다면, 그 사람은 정상적인 사람이 아니다. 그런 경우에는 연애가 성립될 수 없다.

따라서 연애를 묘사할 때는 자연히 육체적인 관계도 묘사하지 않으면 안 된다는 것이 나의 지론이다.

나는 자주 이런 상담을 받는다. 남성 일반의 기분이나 감정에 대해서 알 수 없다든가, 지금 좋아지기 시작한 남성의 기분을 알 수가 없다든가 하는 내용들이다.

그러나 실제로는 아무도 알지 못한다. 남자와 여자는 서로 다르기 때문에 영원히 모를 수도 있다. 완전히 안다는 것은 불가능하다고 보는 것이 타당하다. 그렇지만 바로 이 모르는 사실 때문에 사랑이 성립될 수도 있는 것이다.

애정이란, 어떻게 보면 착각이거나 환상이다. 그러한 환상이 사라지게 되면 여성도 남자 따위는 좋아하지 않게 된다고 나는 생각한다.

남자 쪽에서도 여성의 정체를 알게 되면 싫어질 것이 분명하다. 그러니 결혼 따위는 더 이상 매력을 느끼지 못한다.

그런 어리석은 생각을 할 까닭이 없는 것이다.

　　그러므로 상대를 완전히 알고나면, 상대에 대해 품었던 환상이나 꿈도 사라져서 흥미가 없어지고 만다. 그와 마찬가지로 상대편에 대해 아무 것도 알지 못하면 상대로부터 어떤 흥미나 환상도 불러일으키지 못하기 때문에 연애가 성립되지 않는다.

　　그러므로 상대에 대해 어느 정도는 알아둘 필요가 있다. 그러는 것이 여러 면에서 좋다.

　　그러나 무엇보다도 여기서 강조하고 싶은 것은 여성과 남성은 서로 다르다는 점이다. 이것이 결론이다. 알고 모르고의 관계는 그 다음의 문제다.

남자는 어째서 이런 데 많은 신경을 쓸까

　가문에 대해 신경을 쓰는 남자가 점점
늘어나고 있다. 시대가 변하면서 예전의 봉건
잔재인 집안 문제는 줄어들어야 마땅한데 오히려
늘어나고 있다고 하니 참으로 기현상이라고 하지
않을 수 없다.

　세상의 구조가 틀이 잡히고, 물질 위주의
사회로 변하다 보니 가문이나 그 집의 재산에
대해 신경을 쓰는 모양인데, 참으로 한심스런
행태다.

　연애나 결혼을 하는 경우에도 상대방을 보고
결혼을 하는 것이 아니라 집과 집이 결혼하기라도
하는 듯이 가문을 내세운다.

　그런 구습이 남아 있기 때문에 가문에 신경을

쓰게 되고, 유약한 남자들이 갈수록 늘어가게 되는 것이다. 남자 쪽이 모 기업 재벌 사장의 아들이고, 여자 쪽은 그에 비하면 하늘과 땅 차이로 가난한 경우에도, 그런 것에 신경을 쓰는 남자라면 빨리 교제를 끊어버리는 것이 현명하다. 그것을 과시하거나 자랑하려는 남자는, 혹 입으로는 말하지 않더라도 눈치를 통해서 감지할 수 있다.

반대로 남자 쪽이 가난한 경우에도, 가문에 대해 이러쿵저러쿵 지루하게 떠벌리는 남자는 역시 금물이다. 자기의 힘으로 세파를 헤쳐 나가고자 하는 의욕이나 자신감이 없는 남자라면, 단언하건대 빨리 관계를 끝내는 것이 좋다. 또 두뇌가 나쁘다는 것에 많은 신경을 쓰는 남자도 있다. 그러나 머리가 나쁜 것은 천성이니 어쩔 수 없는 일이다. 비록 훈련이나 계발을 통해서 어느 정도는 좋아질 수 있다 하더라도 어쩔 수 없이 한계가 있기 마련이다.

그러니 불평을 해도 소용없는 일이다. 이외에도 질병이나 기타 여러 가지로 인해서 열등감을 느끼는 사람도 많다.

이와 같이 열등감의 종류만 해도 각양각색이다. 또 이런 남자들도 있다. 어떤 여자와 사귀고 있는데, 그 여자의 속마음이 어떤지 알고 싶다는 것이다. 이런 경우는 대체로 두 가지로 분류된다.

하나는 아직 상대 여성에게 사랑을 고백하지 않은 경우로, 그 여성의 마음을 알 수 없으니 알고 싶다는 것인데, 이런 경우에는 나에게 전화를 걸어 상담을 요구하더라도 내가 현장에 있지도 않고, 그녀에 대해서도 알 수 없으니 나도 해결 방법이 없다. 그래서 여러 가지로 물어보니, 그녀의 태도나 말하는 버릇에 대해서 설명을 해 준다. 알고 싶으면 직접 물어보면 될 것인데, 그만한 용기도 없다. 그래서 묻는 것이겠지만, 아무것도 모르는 내가 어떻게 대답할 수 있겠는가.

다른 한 경우는 연애를 하고 있는데. 그녀가 딴 남자와 만나고 있는 듯 하다든가, 그녀의 마음이 이미 식어버린 것 같다든가 하는 경우이다. 역시 내가 알 수 없는 경우다.

여자도 같겠지만 남자라는 존재는 연애 관계에 있거나 아니거나를 막론하고 끊임없이 상대의 마음을 알고 싶어한다. 그러므로 남자는 항시 여성을 상대로 눈을 번득이며 의심의 눈초리로 주시하고 있다는 사실을 명심하기 바란다.

지혜로운 여자만이 남자의 교활함을 분별한다

대체로 인간은 남녀를 불문하고 자신을 좀더
돋보이게 하려는 마음을 가지고 있다. 그래서
여러 가지로 노력을 기울인다.

그러나 그 정도가 문제다. 실제는 아무런
능력도 없으면서 아주 많은 능력을 지니고 있는
것처럼 보이려는 인간들도 존재하기 때문이다.

이 점에 관해서는 남자가 여자보다 훨씬
교활하다. 그러므로 남자의 실체를 정확히
파악하기 위해서는 눈을 똑바로 뜨고 살펴보지
않으면 안 된다.

속임수를 써서 접근하는 남자들은 여성들이
보기에는 어떨지 모르지만, 같은 남자로서 보면
아주 꼴불견이다. 여성의 모성 본능을 의식적으로

이용하는 방법이지만, 남자들이 보면 금방 눈에 보인다.

그러나 여성은 이러한 방법에 아주 약하다. 호의를 가지고 마치 응석을 부리듯 달라붙으면 힘없이 무너지고 만다. 이미 그것을 염두에 두고 여성을 찾아 헤매는 남자들이 있으니 주의하지 않으면 안 된다.

이런 남자들을 보면 꼴사납지 않을 수 없다. 그야말로 속이 들여다보이는 짓거리인데도 여성들은 그것을 잘 분별하지 못하니 이상한 일이기도 하다.

반면에 불량스럽게 보이는 남자도 있다. 이것도 테크닉의 하나로, 상대 여성이 좀 불량스러운 남자를 좋아하는 경향이 있다고 보이기만 하면 곧바로 행동으로 돌입하는 것이다.

이와 같이 고도의 테크닉을 가지고 접근하는 남자는 아주 어려운 상대다. 그러니 우선 반쯤 깎아서 보면 어느 정도 정확할 것이다.

또 최근에는 남성도 섬세한 기교를 발휘하는 경향을 띠고 있으므로 정신을 똑바로 차리지 않으면 안 된다. 반복해서 정신을 똑바로 차리라고 강조하고 있기는 하지만, 그러나 이런 수동적이고 소극적인 자세만으로는 어려운 것이 현실이다.

특히 이 세대의 젊은이들인 여러분은 역으로 어떻게 하면 남성을 더 잘 유혹할 수 있을까 하는 점에 더 많은 흥미를 느끼고 있지 않을까 하는 생각도 든다. 이에 대해서 살펴보기로 하자.

여성이 남자와 친해지고 싶은 이유에는 두 가지가 있다고 생각한다. 내게 문의해 오는 경우에는 전적으로 이 두 가지에 의존한다. 남자가 맘에 들어서 결혼해도 좋다고 하는 경우와, 그저 같이 즐기기 위한 대상으로 사귀고 싶다는 경우 두 가지다.

후자는 남자를 완전히 함락시켜 자기 마음대로 할 수 있는 방법을 가르쳐 달라는 것인데, 이런 터무니 없는 물음에는 전혀 대답할 가치도 없다.

남자를 유혹하는 방법이라고는 하지만, 솔직히 말하는 경우는 거의 드문 것이 사실이다. 상대 남자가 어떤 남자인지를 알고 있으면 간단하다. 그러나 문제는 남녀 관계가 일반적으로 그렇게 쉽게 전개되지는 않는다는 점이다.

어떤 경우에는 실로 전쟁을 방불케 할 정도로 각종 전술 전략이 동원된다. 성격이나 전략을 모르고 있으니 방법도 없다. 따라서 차분히 상대의 전략을 연구하고 상대방의 추이에 따라서 임기응변으로 자신의 전략을 바꿔 나가지 않으면 안 된다.

그것은 상대의 교양 · 성격 · 나이 · 가정 환경 등 여러 요소에 따라서 가변적이다. 그럼에도 불구하고 일반적인 원칙은 있다.

나도 남자이므로 남자의 가장 큰 약점, 즉 아킬레스건을 알고 있다.

그것은 뭐니뭐니해도 남자로 하여금 매력을 느낄 수 있도록 하는 것이다.

얼굴 뿐만 아니라 태도나 행동, 옷차림 등 모든 것이 해당될 수도 있다. 그런 사소한 것들에 약간의 신경만 쓰면 대부분의 남자들은 넘어오게 마련이다.

새침한 캐리어 우먼보다는 여자다운 매력을 발산하는 여성에게 남자는 더 약한 법이다. 또 한 가지 현대적인 요소이기는 하지만, 남자의 여성화 경향이 진행되고 있어서 오히려 상냥한 서비스가 남자의 심금을 울릴 수도 있다는 점을 알아두기 바란다.

제2차 세계대전 이전까지의 세대에 있어 이성이라는 존재는, 단지 남자가 사랑해 주는 존재로 밖에는 인식되지 않았다. 그러나 요즘과 같이 남녀 평등이 강조되는 시대에 이르러서는 오히려 반대 현상이 진행되고 있다.

여성은 점차 남성화되고 남성은 반대로 여성화되는 경향이 있어서 남자가 응석을 부리거나 아양을 떨기까지 하는 것이다.

일반적으로 성적 매력을 발산하기 위해 지나치게 과장된

복장이나 짙은 화장을 하는 여성들에게서 느끼는 남자들의
반응은 거의 비슷하다. 친밀감보다는 혐오감을 불러일으킨다는
견해가 지배적이다. 잘 보이려고 하다가 오히려 역효과를
발생시키는 것이다.

실제로도 일시적인 희롱이나 그저 즐기기 위해서라면 몰라도
연애 상대로는 탐탁하게 생각하지 않는다. 그저 '재미있는 여성'
정도로 그치고 마는 경우가 많다.

앞에서 심정적인 연애와 남자의 본능으로서의 성적 욕구에
대한 문제를 짚어 봤는데, 그렇다고 해서 남자는 당연히 안
되느냐 하면 그것도 아니다.

이른바 '정이 붙는다'는 말이 있는데, 처음에는 그저 놀고
즐길 작정으로 시작했지만, 교제가 지속될수록 차츰 애정이
생겨서 결혼에 골인하는 커플도 나는 많이 보았다. 내 친구나
후배들 가운데도 얼마든지 그런 경우가 있다.

따라서 상대방은 그저 욕구 밖에 없다는 식으로 속단을
해버리는 경우도 경계해야만 한다. 실은 좋아하면서도 이성을
발휘한답시고 관계를 끊어버리는 것도 고려해 볼 만한 일이다.

물론 결과론이기 때문에 어떻게 진전될지 모르지만 균형을
잡기가 어렵다는 것 만은 사실이다.

남자와 사귀게 될 경우, 여성들이 가장 많이 신경을 쓰는 부분은 뭐니뭐니해도 처녀성의 문제라고 생각하다.

최근 들어 여러 계층의 10대 후반에서 20대 초반의 젊은 남성들을 대상으로 앙케이트를 해 본 결과 여성의 처녀성을 절대 조건으로 하는 경우가 대단히 적어지고 있다는 통계가 나왔다. 10퍼센트 만이 처녀를 원한다는 대답이 나온 것을 보면 달라져도 아주 달라졌다는 느낌이다.

아예 처음부터 체념하고 넘어가자는 생각인지는 모르겠으나, 어쨌든 여성에게는 아주 발전적인 소식이 아닐 수 없다.

내가 개인적으로 접해 본 학생들이나 샐러리맨들의 경우에도 거의 이러한 견해에 동조하고 있었다. 그런 사고 방식을 가진 사람은 시대에 뒤떨어진 사람이라고 단정적으로 말하는 사람들도 있다.

그러나 남자들은 여성의 수다에는 질색을 한다. 본인은 기분이 좋을 지 모르지만, 듣고 있는 남자 쪽에서는 그만 질리지 않을 수 없다. 만일 수다를 참고 들어준다고 하더라도 그것은 억지로 들어주는 것이지 재미있어서 들어주는 것은 결코 아님을 염두에 두기 바란다. 심지어는 그 수다로 인해서 사랑하는 남자를 잃을 수도 있는 것이다.

그밖에 화장에도 문제가 있다. 여성에게는 이 화장 문제만큼 중요한 것도 없다. 여성들 쪽에서는, 화장이나 복장은 남을 위해서가 아니라 여성 고유의 본능적인 행위이므로 상관하지 말라고 하는 경우도 있기는 하다.

그러나 본인은 자기 도취에 빠져 좋을지 모르지만, 너무 지나친 화장은 다른 사람들을 피곤하게 한다. 특히 남녀 관계에서는, 정상적인 남자라면 하나같이 경원시하고 싫어한다. 심지어 속된 여자로 치부해 버리기까지 하는 남자들도 많다.

그럼에도 짙은 화장을 하거나 짧은 스커트를 즐겨 입는 여성들이 갈수록 늘어가고 있다는 것은 이해되지 않는 일이다. 몸매가 좋으면 얼마나 좋을 것인가. 그것이 무슨 자랑거리라도 되는 듯이 흔들며 야단 법석을 떠는가 말이다.

또 화장이란 자신을 가꾸는 것에 지나지 않는 것이요, 화장이 지나치다는 것은 자신의 용모에 자신이 없기 때문에 그것을 가리자는 셈이니 화장을 짙게 한 여성일수록 용모에 자신이 없는 여성이라고 판단해도 욕할 것은 못된다고 생각한다.

남자의 마음 속에 숨어 있는 거짓말들

　　이제 마지막으로 남자의 말 가운데 숨어 있는
거짓말에 대해 살펴보기로 하자. 우선 여성의
고민거리인 '뚱뚱하다'는 문제에 대해서 생각해
보자.

　　'살이 쪘다'든가 '너무 말랐다'든가 하는 문제를
남자 쪽에서 놓고 볼 때, 과연 이러한 측면이
감점 대상이 되는가, 되지 않는가 하는 점이다.
지금까지는 아무도 이 문제에 대해서 발표하거나
쓴 적이 없다.

　　솔직히 말하자면, 남자들 끼리 '살찐 여자는
싫다' '깡마른 여자는 싫다'고 하는 말은 전적으로
거짓말이다. 기호가 어떻다느니, 취미가
어떻다느니 하는 말도 모두 거짓말이다.

내 후배 가운데 한 사람은 평소 살찐 여성을 좋아했다.
실제로도 처음에는 뚱뚱한 여성들과 교제를 하더니, 그러나
그 여자와는 깨끗이 헤어지고 이제는 닭갈비처럼 마른 여자와
사귀기 시작해 결국은 이 여자와 결혼을 하고 말았다.

"너는 어째서 자신의 정설을 어기고 그런 마른 여자와
결혼까지 했어?"

내가 농담조로 이렇게 묻자 그가 대답했다.

"사람의 기호도 변하는 모양입니다."

또 이와는 반대로 날씬한 여자가 좋다고 말하던 남자가 전혀
안 어울리게 자신의 두 배도 더 돼 보이는 여성과 결혼한 예도
나는 알고 있다.

그러나 기호가 변한다느니 하는 따위는 모두 억측에
불과하다. 이는 결코 변하지 않는다. 자기가 그런 애인과 사귀고
있을 때는 그 쪽이 좋아지는 것이다.

대부분의 경우 여성관에 대한 자신의 믿음은 허위로
덧씌워진 것에 불과하다. 중요한 것은 상대 여성의 마음인
것이다. 용모에 신경을 쓴다 하더라도 그것은 피상적인 것일뿐,
여성의 마음에 더욱더 신경을 쓰는 것이 남자들의 사랑법이다.

심리적인 연애의 본질도, 섹스의 본질도 결과적으로는

용모나 신체 조건과는 그다지 관계가 없는 것이다. 역시 마음과
마음의 접촉이 중요하다. 그것이 기본이요, 사랑의 견고한
토대다.

그 다음에야 용모나 체격 등 지엽적인 문제가 거론될 수 있는
것이다. 그러므로 아둥바둥 살을 빼려고 하는 여성을 보면 좀
모자라는 여자가 아닌가 생각하게 된다.

육체적인 미용을 위해 돈을 낭비하는 것도 자기
만족으로서는 좋겠지만, 역시 기본은 마음에 있는 것이다.
그것이야말로 인간이 인간다운 이유이다. 마음이 고우면 겉으로
드러나는 태도에도 그것이 묻어 나오기 마련이다.

내가 이 책을 통해서 말하고 싶은 바도 결국은 이 한마디
말로 압축된다고 보아도 틀림이 없다. 이것을 생활 방식이나
실생활의 기준으로 삼아 살아간다면 나로서는 더 바랄 것도
없다.

운명에는 우연이란 없다

　가령 '운명 속에는 결코 우연이란 있을 수
없다'고 단언할 수 없다 해도 인간의 운명에는
상당한 필연성이 따른다는 것은 확실하다. 그 한
보기로 모라비아Moravia의 소설 《로마의 여인》을 들
수 있다.

　16세의 소녀 아드리아나는 딸의 아름다운
모습을 볼모 삼아 치부하려는 어머니의 권고로
모델이 되어 어느 화가의 아뜨리에를 드나들게
되었다. 드디어 그녀는 부호의 운전사인 지노와
서로 사랑하게 되었지만, 어머니가 좋아 할 리
없었다. 딸만한 미모라면 좋은 가문에 시집 갈
수 있다고 기대하고 있었기 때문이다. 그러나
젊은이의 정열은 거침없이 타오르기만 했다. 딸은

애욕의 늪에 빠져 있었던 것이다.

그러던 어느 일요일, 함께 소풍 갔던 내무성의 고급 관리의 육정에 희생이 된 이후, 그것이 계기가 되어 그녀는 창녀로 전락해 버린다. 사실, 그녀의 이러한 전락은 '운명의 장난'으로만 생각하고 싶지 않다. 딸의 미모를 상품으로 삼는 어머니 밑에서 자란 그녀는 성의 전락에 빠지기 이전에 스스로가 그러한 처지를 만들고 있었다고 생각된다.

모든 남자는 성기性器를 가지고 여성들을 소유하려 한다. 이러한 존재인 어머니의 영향을 받아 딸도 성의 노예로 전락되어 버리는 예가 많다. 이러한 여성의 육체적인 감각은 대체로 원시적인 암컷의 행동에 지나지 않는다.

그녀들은 오스카 와일드Oscar Wilde가 말한대로

"사랑 받을 것만을 요구하며, 이해해 주기를 요구하지 않는다."

《로마의 여인》에서의 주인공 아드리아나는 돋보이는 한 본보기였다. 밤거리의 여자로 전락한 그녀는 얼마 안 있어 첫 애인인 지노와 다시 결합했으나 보석상 살인범 손조뇨와도 육체 관계를 갖게 된다.

그러면서도 다시 제3의 사나이—반정부 비밀 단체에

속해 있는 자코모를 사랑하게 되고, 그가 경찰에 잡히자 그를
석방시키기 위하여 이미 친분이 있는 내무성의 고급관리에게
다시 몸을 제공할 것을 약속한다.

　남자든 여자든 간에 성적 행위에 관해서는 이렇게도 약하고
단정하지 못한 것일까. 남녀를 가릴 것 없이 인간의 성性 본능은
의식 또는 무의식 중에 ①정신적 사랑에 의하여 통제되고 보다
격렬해지던가 ②죄에 의해 남용되어 파멸을 가져오게 하든가
하는 이 두 가지 중의 하나를 선택하게 되지만, 전자를 택하는
사람은 흔하지 않다. 아드리아나의 경우는 이것을 선택할
운명과 마주치기 이전에 벌써 후자 쪽으로 빠져들고 있었다.

　이러한 여성이 육체를 '죄에 의하여 남용'되면, 그녀의 육체와
관계를 맺고 있는 남자들도 거의 모두 비참한 운명을 피할 수
없게 된다. 결국 손조뇨는 내무성의 고관을 살해하고, 자코모는
권총 자살을 하고, 그녀는 살인범의 아기를 갖게 된다……

　과연 인간이란 죄 많은 존재인가, 아니면 환경이 인간을 죄의
구렁텅이로 끌어들이는 것일까. 이럴 경우 인간이란 너무나
나약한 존재이다.

여자의 잘못은 남자의 죄이다

　　이혼의 이유에 대하여 다음과 같이 터놓고
이야기하는 주부가 있었다.

　　"이유는 성 때문입니다. 저는 한 주일에 두
번씩 요구했었는데 남편은 한 번밖에 응해 주지
않았습니다. 회사일에 바쁘다거나 몸이 아프다는
핑계였습니다."

　　오늘날, 이러한 부류의 주부들이란 결코
이상한 존재는 아니다. 그녀들은 남편에게
발각되지 않는다는 확신 속에서, 다른 남자와
태연하게 '최후의 선'을 넘어버리기도 한다.

　　어느 여성 잡지에서 조사한 261명의
부인들에게서 얻은 질문서에 따르면,

　　1) 성교에 대하여 ― 일반론적으로 서로

사랑하고 있다면 결혼과 관계없이 허용된다고 생각하는 여성이
전체의 4분의 1.

　2) 혼외 정사에 대하여 — 아내로서는 절대로 안 된다고
생각하는 여성이 20퍼센트에도 미치지 못했다.

　3) 결혼 후에도 다른 남성과 성적 체험을 가진 여자가 여섯
사람에 한 명 꼴이었다.

　이에서 여성들의 성의식에 큰 변화를 가져왔음을 알 수 있다.
이와 같음은 사회 풍조는 물질 문명이 변혁된 데에서 온 것이라
단정할 것인가.

　"모든 여자의 잘못은 남자의 죄이다."

　라는 말도 있지만, 이러한 사실은 그 반대라고 하지 않을 수
없다. 여자로 인하여 지옥으로 떨어지는 남자가 얼마나 많은가.
한편으로 생각하면, 여자가 굳은 절개를 지녔다는 것은 반드시
정조 때문 만은 아닌 것 같다. 극단적으로 말한다면, 굳은
절개를 가진 여자란 유혹하는 남자가 없다는 증거가 아닐까.

　"여자란 사랑의 말을 자신에게 속삭여 주기를 바란다. 아무리
그것이 욕정의 소리로 이야기한다 해도……."

　이와 같은 정의를 내린대로 여성의 일반적인 공통점은
아무리 자기를 유혹하는 남자가 야수와 같아도 자신을

칭찬하거나 받들어 주면 무관심할 수 없게 된다는 것이다.

옛부터 여성에게는 이러한 본성이 있었는데, 우리 나라 여성의 경우에는 해방 후에 민주주의의 물결이 밀려올 때까지만 해도 그것을 들어낼 수가 없었다. 그녀들은 남성 우위의 사회 풍조에 억눌려서 '정조 아닌 무엇'을 몸과 마음 속 깊이 숨겨두지 않을 수 없었던 것이다.

그런데 요즈음에 이르러 사태는 달라졌다. 지금이야말로 그동안 억눌려 온 본성을 대단하고 교묘하게, 그리고 은밀하게 적극적으로 발휘하게 된 것이다.

앞에서 예로 든 질문서는 이러한 실태를 구체적으로 밝혀 주는 것이라 하겠다. 물질적 욕망을 채울 수는 없다 하더라도 그녀들의 태반은 의식 또는 무의식 속에서 현실에 대한 참여를 행복하게 느끼고 있을 것이다.

그러나 철학적 관점에서 말한다면, 그녀들은 '행복한 노예'에 지나지 않는다. 성이나 물질적인 것에 의하여 마음의 자유를 빼앗기고 속물스러운 악의 파도에 밀리고 있으면서도, 그것에 대해서는 조금도 잘못을 느끼지 못하고 살아가기 때문이다.

여자의 빛과 그림자

"젊었을 때 많은 남성들로부터 부러움의
눈길을 받던 여성도 나이가 들면 흉한
모습으로 변해 버리는 것은, 갱년기를 한계로
갑자기 일어나는 생리적 쇠퇴에 의해서만은
아니다. 그러므로 젊음을 바탕으로 한 생리적
아름다움을 확보할 수 없게 된 부인들에게
있어서 최선의 사랑이란 덕德을 바탕으로 하는
생활이 무엇보다도 중요하다. 그러나 실제로는
자신을 되돌아 보지 못하게 된 나이 든 여인들은,
심술장이, 비위 거슬림, 불평스러움, 자포자기
등의 여러 가지 악덕이 스며 있는 얼굴로 그녀의
최후를 장식하게 된다."

이러한 글귀를 어느 책에서 읽은 적이

있다. 이렇듯 나이든 여성들은 꼬리만 잡으면 '나이 먹었다고 업신여긴다'고 투정을 부린다. 또 '아무도 상대해 주지 않는다'고 불평을 한다. 그리고는 차츰 젊었을 때의 얼굴과는 너무나 다른 '볼품 없는 할멈'으로 변신해간다.

누가 나쁜 것일까? 그 누구도 아니다. 그녀들은 자기 스스로에게 상처를 입히고 있는 것이다. 그러나 당사자는 이에 아무런 느낌을 가지고 있지 않은 데에 인생의 뿌리 깊은 비극이 있는 것이다. 불교에서는 이것을 업이라 하는데, 선악의 소행으로 이것이 미래의 선과 악의 결과를 가져오는 원인이 된다고 본다.

자기 자신이 지금까지 걸어온 삶의 길을 검토해 보면, 모두 자신에게 그 원인이 있음을 알 수 있다.

새라면 자신의 날개로 하늘을 날아오를 수밖에 없다. 그러나 남자나 여자나 할 것 없이 늙음을 내세워 자신을 고립시켜 버리는 사람은 행복이 모두 자신의 몸에 갖추어져 있음을 모르고 있다. 그러므로 상처를 입게 되는 것이다.

이러한 점에 대해 이슬람교의 성전인 코란은 이렇게 강조하고 있다.

"아무리 가까운 사람일지라도 어찌 나의 짐을 짊어지려

하겠는가."

우리들이 보다 낫게 살려고 한다면, 자유 — 스스로에
따른다는 것 — 을 포기해서는 안 된다. 우리들에게는
살아간다는 괴로움이 거의 참을 수 없을만큼 심하게 느껴지는
시기가 있다. 그 정확한 이유는 알 수 없다. 그것을 본능적인
감정이라 해도 좋다.

그런 때라도 자유만은 버려서는 안 된다. 만약 자유마저
버린다면 앞서 말한 늙은 여성과 같은 생애를 걷지 않을 수 없게
된다. 그것을 거절하는 사람은 다음의 《법구경》 속에 있는 말을
가슴 깊이 새겨두기 바란다.

"자기 자신만이 의지할 수 있는 곳, 자신 이외에 누구를
의지하리. 잘 갖추어진 자신만이 참으로 얻기 어려운 의지할
곳이다."

남자의 사랑과 여자의 사랑은 다르다

데카르트는 스웨덴의 크리스티나 여왕이
"사랑이란 어떤 것인가?" 하고 질문했을 때,
"어떤 아름다운 것에 자신을 묶어 놓으려는
정념이다"라고 대답했다.

이러한 종류의 감정적인 생각을 마음에
간직하고 있는 사람은 거의 없을 것이다. 다만,
문제는 무엇이 '아름다운 사랑'인가 생각하고 있는
데에 있다.

도대체 우리들은 아름다운 사랑과 잘못된
사랑의 구분을 어떻게 규정하고 있는 것일까. 이
점에 관한 자신의 판단 기준을 확실하게 해놓지
않으면, 겉만의 아름다운사랑에 현혹되어 잘못된
사랑과 구별하지 못한 채 늪과 같은 정념의

포로가 되어버릴 염려가 있다.

아름다운 사랑이란 도대체 무엇일까. 사람에 따라 각각 다른 것일까. 그렇지 않으면 누구나가 다 인정할만한 보편 타당한 아름다운 사랑이 존재하는 것일까.

이와 같은 사랑이 남녀 사이일 경우에는 자기 나름대로의 위치에서 깊이 고찰하고 검토해 보지 않으면 안 된다.

왜냐하면, 남자라는 것은 단순히 사랑만으로는 살아갈 수 없는 존재이기 때문이다. 형편 없는 사나이가 아닌 이상 사랑놀이에만 매달려 있을 수 없어 자기 나름대로 사회적 활동을 찾게 된다. 그리고 자기 자신을 사회적 활동에서 떼어놓은 원인을 여자에게 덮어 씌워 책망하게 되는 경우가 적지 않다.

이와 관련된 말을 러시아의 문호 투르게네프는 그의 대표작 《아버지와 아들》속에서 다음과 같이 말해 주고 있다.

"여자에 대한 사랑이란 카드에 자기의 전 생명을 건 사나이가 그 카드를 버렸을 때와 같다. 그러나 머리를 떨군 채 어떠한 일에도 손이 잡히지 않을 정도로 방심해 버린다면, 그러한 인간은 남자가 아니며 단순한 한 마리의 수컷에 지나지 않는다."

그러나 여자는 자기의 온 생명을 남자의 사랑이라는 카드에 걸고 모든 것을 버리는 경향이 있다.

오늘날에는 그러한 여성이 차차 줄어들고 있지만, 그래도 여자는 뛰어난 남자를 사랑하는 것으로 자기 자신의 값어치를 의식하지 않는다.

한편, 남자는 사랑 밖에 모든 것을 주지 않는다. 남자는 사랑하는 것에 의하여 자기의 값어치를 의식하게 되고 자립을 주장하면서 사랑과는 다른 목적을 추구한다.

몽테를랑의《젊은 아가씨들》에 쓰여진 글귀와

"여성은 남성을 위해 만들어졌다. 남성은 인생을 위해, 또 특히 모든 여성을 위해 만들어졌다."

는 것일까?

그러나 사랑한다고 말하는 이상, 남자나 여자나 모두가 '어떤 것에 자신을 묶어 놓으려고 생각하는' 점에서는 공통점을 가지고 있는 것 같다.

문제는 두 사람 사이에 무엇을 '아름다운 사랑'이라고 생각하는가의 차이에 있다. 이러한 점에서 양자의 정념이나 생각이 일치된다면, 남녀 사이의 사랑은 꽃피게 되고, 또 자욱한 안개 속에 둘러싸인 아름다운 별이 될 것이다.

사랑은 역경 속에 숨어 사는 힘이다

　　마르코 폴로는 중국 원 나라를 17년 동안이나
섬겨 왔다. 그 동안에 연인이 있었는지 또는
결혼을 했었는지 안 했었는지 그 자신이 말한
것도 없고, 자료나 기록도 없기 때문에 알 길이
없다. 그러나 그는 얼굴도 잘 생겼고, 더구나
기지와 재능이 풍부했다. 거기에 건강은 물론,
재력도 있었던 젊은이였기에 로맨스가 하나도
없었으리라고는 생각되지 않는다.

　　"중국 처녀들은 예의를 올바르게 지킨다.
그녀들은 동동거리며 뛰어다닌다든지 또는 격한
감정에 사로잡히는 일이 없다. 그녀들은 집안에서
창문으로 얼굴을 내밀고 지나다니는 남자들을
보거나 그들에게 자기 얼굴을 애써 보이려고도

하지 않는다. 또 상스러운 이야기에 귀를 기울이지 않으며,
연희나 행사에 자주 참석하지도 않는다……. 외출할 때에는
위를 쳐다볼 수 없도록 만들어진 특수한 아름다운 모자를 쓰며
길을 걸으면서 언제나 아래만 보고 다닌다."

그의《동방견문록》에 쓰여진대로 이러한 중국 여성을 눈여겨
관찰하고, 그녀들을 '델리커시delicacy함이 풍부하고 천사와 같은
존재'라고 칭찬하고 있다.

이러한 청년이 그와 같은 여성들과 개인적인 관계가 전혀
없었다고 단언할 수 있을까.

17년이라는 오랜 세월 동안, 그가 타향살이를 했다는 것은
자칫 잘못하면 천사와 같은 중국 여성과의 애정에 사로잡혔던
것인지 모른다.

하여튼, 그 자신은 중국 여성과의 개인적인 관계에 대해서는
한마디도 언급하지 않고 있다. 이른바 여복 있는 사나이는
여자가 잘 따르는 이야기를 좀처럼 하지 않는 것이 아닐까.
그러나 꼭 한 가지 그의 남성적 매력을 확실히 뒷받침해 주는
이야기가 전해지고 있다.

1291년, 페르시아의 한국汗國(징기스칸의 손자인 훌라구가
왕위에 올랐던 나라)으로부터

"우리 나라의 왕비를 원 나라에서 맞으려 한다."
고 청혼해 왔기 때문에 한(王)은 아름답고 온순한 17세되는 왕녀 코카틴을 시집 보내기로 했다.

　마르코 폴로는 이 코카틴 왕녀를 데리고 14척이나 되는 큰 선단을 이끌고 17년만에 귀국길에 올랐다. 그리고 인도양을 일 년 반이나 걸려 항해한 끝에 페르시아의 호르무즈 항에 무사히 상륙하여 왕녀와 작별 인사를 나누게 되었을 때,

　"코카틴 왕녀는 이별의 눈물로 밤을 지새웠다."
고 한다. 언제나 자기 자신에 대한 이야기를 하지 않았던 마르코 폴로도, 그에 대해 흘려진 아름다운 왕녀의 눈물에 관해서는 이야기하지 않을 수 없었던 것이다. 인간의 마지막 진실은 때때로 눈물로 밖에 표현될 수 없다. 그 한 줄기 눈물 속에 사랑의 꽃이 만발하고 있다.

　사랑은 파란과 역경 속에서 자라고 꽃 피는 것이다. 마르코 폴로의 온몸에는 정열의 폭풍이 불어닥쳤을 것이다. 그러나 그는 왕녀의 눈물어린 눈동자만을 바라볼 뿐이었다.

여자의 일생이란

그녀의 마음은 남편될 사람으로부터 결혼을
청해 왔을 때부터 벌써 확실히 정해져 있었다.
남편될 사람을 존경하고는 있었지만 조금도
사랑하지는 않았다. 그녀는 몇 번씩이나
머뭇거리다가 파리에서 유학중인 남편의
친구에게 편지를 보냈다.

"당신이 화를 내고 편지를 보내서는
곤란하다고 말씀하신다면, 저로서는 설 땅이
없어집니다. 저는 당신에게서 경멸당하고
얕보이는 것을 매우 두려워하고 있었습니다.
그러나 이제 저는 그러한 일에 마음을 쏟을 수
없게 되었습니다. 저의 생애에 관한 일입니다.
제 목숨보다 더한 것인지 모르겠습니다. 하여튼

편지를 씁니다. 당신이 화를 내시거나 어림 없는 말이라고 꾸짖더라도 이러한 기분으로 있기보다는 훨씬 나을 것같이 생각되기 때문입니다."

애정은 마음의 뚝을 무너뜨리고 힘차게 흘러내렸다. 그 노도와 같은 힘찬 흐름은 바다를 건너 남편 친구의 온몸에 부딪쳐갔다. 그러나 그는 친구에 대한 우정 때문에 그녀의 사랑을 받아들이려 하지 않았다.

"당신은 남편이 될 사람의 좋은 점을 모르고 있습니다. 그 친구의 겉모양만 보고 있는 것 같습니다. 친구가 지니고 있는 내면의 영혼을 찾아 보시기 바랍니다. 남편될 사람이 내 친구이기 때문에 칭찬하는 것은 아닙니다. 그는 실제로 칭찬해도 좋을 만한 훌륭한 남자입니다. 그러한 사람에게서 사랑을 받게 된 것은 당신에게는 명예로운 일입니다. 나는 당신과 친구를 나누어 생각할 수는 없습니다. 나는 친구의 아내가 될 사람으로 당신을 존경해 왔으니까요."

노도와 같은 억센 흐름은 쓸쓸히 되돌아왔다. 그러나 그 사랑의 물보라 속에는 그 사람의 정념이 무지개처럼 아롱져 있지 않은가. 그녀는 사랑의 힘찬 흐름에 몸을 던지고 영혼을 파리의 하늘로 띄워 보냈다.

"저는 사력을 다하여 운명과 싸우겠습니다. 싸운다기보다는 새로운 운명을 열고자 생각합니다. 저는 조용히 문 밖에 서서 문이 저절로 열릴 것을 기다릴 생각도 해 보았습니다. 그러나 지금은 그 문을 두드릴 수 있을 때까지 두드릴 생각입니다.

저를 한낱 독립된 인간, 여자로 보아주세요. 남편될 사람에 대해서는 잊어주세요. 오로지 저는 독립된 인간일 뿐입니다. 제발 남편될 사람에 대한 것을 모두 잊어버리고, 아무쪼록 저의 일에 대한 생각만을 상세히 써 보내주세요. 그렇게 하면 저는 아주 단념해야 할 것 같으면 단념하겠습니다. 저의 사진을 보내드립니다. 제가 말하고 싶은 것을 모두 이해하시리라 생각합니다."

그녀는 모든 것을 버렸다. 사사로움이나 타산도 모두 그 사람을 위해 내던졌다. 지금은 오직 그녀의 마음 속에서 약동하는 '영원히 여자다운 것'만이 그 불멸의 맥박을 사랑하는 사람의 가슴 속에 심어주려고 할 뿐이었다.

그런데 현대의 여성들은 이러한 그녀의 속마음을 납득할 수 있을까. '저는 여자입니다. 저는 당신의 도움이 되는 것밖에는 바램이 없습니다'라고 잘라 생각할 수 있을까.

여자는 기다림 속에서 산다

　잘 생긴 양치기 소년 아키바는 차가운 바람이
열띤 자신의 뺨을 스치고 지나가는 저녁 무렵에
재수 좋게 기회를 잡았다. 깊숙한 방에서 귀하게
자란 주인집 딸 라켈의 맑고 순박한 품 안에서
황야를 누비며 달리는 그의 정념의 불꽃을 당긴
것은 사막에서 물을 찾아낸 것과 같았다.

　그러나 진실한 사랑은 쇠붙이나 돌도 태워
녹이듯 사랑하는 사람의 가슴에서는 공포심마저
사라져 버린다. 아키바는 사랑의 낭떠러지에
몸을 던졌다. 억센 두 팔이 라켈의 가냘픈 몸을
이즈러지도록 껴안았다.

　그녀는 속삭였다.

　"저도 당신을 사랑하고 있어요."

빨간 꽃잎은 격정에 휘날려 소박한 양치기의 가슴을
두들겨댔다. 불타오르는 감동이 생명의 힘을 세차게
불러일으키자, 아키바는 모든 것을 망각의 늪으로 몰아세웠다.
그러나 라켈은 꼭 하나 잊을 수 없는 일이 있었다.

"저와 결혼하기를 바란다면 오늘로서 양치기를 그만 두고
유태교의 율법을 배워서 꼭 교법사敎法師가 되어 주세요."

우리들로서는 이해하기 어려운 일이지만, 율법律法 연구는
유태인의 최고의 의무이며, 그들 가운데에는 그 연구를 위한
학비를 마련하기 위해 자기 자신의 딸을 판 사람까지 있을
정도이다. 또 가정을 버린 자가 있는가 하면, 모든 재산을
교회에 바친 자도 있다.

아키바는 오히려 학문을 싫어 하는 천하고 거치른
젊은이였다. 그러나 작가인 모옴Maugham이 말했듯이,

"사랑처럼 남자의 생각을 바꾸어 놓는 것은 없다. 새로운
생각은 대체로 새로운 감동이 그 원인이 된다. 그것은 생각에
의하지 않고 정열에 의해 얻어지는 것이다."

이리하여 양치기 소년도 사랑과 정열에 감동되어 "꼭 훌륭한
교법사가 되겠다"고 그 자리에서 결심하고는, 바로 그날 밤
율법학원을 찾아 길을 떠났다.

"연애는 미래를 위한 것이지, 현재의 찰나만을 바라는 것은 아니다."

라고 말한 사람도 있듯이 아키바와 라켈은 서로 사랑하며 미래의 꿈을 염원했던 것이다.

굳은 절개로 어려운 고비를 넘긴지 12년만에 드디어 율법 연구의 제일인자가 된 아키바 벤 요셉은, 2만이 넘는 제자를 거느리고 라켈의 집을 찾았다.

지난날 양치기였던 한 미소년은, 이제는 유태 법전의 새로운 해석법을 창시한 사람이 되어 교계의 최고 교법사로 고향에 돌아왔던 것이다.

아키바는 라켈의 연약한 어깨를 부드럽게 안았다. 눈물 짓는 그녀의 가슴 속 깊이 오래 숨어 있었던 사랑의 불꽃이 아키바의 가슴에서 다시금 타오르기 시작했다. 참을 수 없는 감정의 뜨거운 소용돌이가 모든 언어를 압도하고 침묵만이 저녁 노을을 붉게 물들일 뿐이었다.

이 날을 위해 라켈은 모든 고난을 참으며 행복한 미래를 바라는 마음이 가득했기 때문에 사랑의 승리자가 될 수 있었던 것이다.

여자의 일생은 오랜 병과 같다

여성들 가운데에는 남성을 '여성의 적'이라고
생각하는 어리석은 여성도 있다. 그러나 칸트는
여자의 적에 대하여 말하기를, 여성의 매력을
위협하는 것은 아름다움을 크게 파괴하는 나이에
있다고 지적하고 있다. 이 나이라는 큰 적을
때려눕히기 위해서는 어떻게 하면 좋을까.

그는 여성의 아름다운 노령에 대하여 다음과
같이 말하고 있다.

"얌전하고 또 친숙하게 사귀며, 건강한 자세로
상대에게 알기 쉽게 이야기하며, 스스로는
함께 하지 않더라도 젊은이의 기쁨을 진실하게
지켜준다. 자기의 기쁨에 대하여 만족과 호의를
나타낸다."

여기에 노년의 목표를 두지 않으면 여성적인 우아함은 추악함에의 길을 걷게 될 것이다.

여성은 평생을 우아하기를 바라는 이상, 그 자연적인 성^性에 순응하면서 많은 정성을 기울여 '여자라는 인간'을 향해 삶의 목표를 두지 않으면 안 된다. '그렇지만 여자인데요.' 하고 가만히 있으면, 언제인가는 반드시 '나이'라는 적에게 재기할 수 없는 타격을 받게 될 것이다.

칸트에게 있어서 여자란 성적 존재이기보다도 항상 인간적인 점을 중시했기 때문에 그녀들의 우아함을 평생 동안 깨끗하게 느낄 수 있었던 것이다. 그러나 칸트가 아내를 거느리고 있었다면, 이러한 철학적인 로맨티시즘을 펼쳐 나갈 수 없었을지도 모른다.

여자의 마성魔性은 아무리 대 철학자라 하더라도 독신의 남성에게는 통찰될 수 없는 내용이다. 고대 그리스의 이름난 의사인 히포크라테스도 다음과 같은 말을 남겼을 정도이다.

"여자의 일생은 오랜 병과 같다."

그렇다면, 대 철학자 칸트는 결혼에 대하여 어떠한 생각을 가지고 있었을까.

그는 79년 10월 동안이란 생애를 독신으로 지냈다. 그런데 결혼 생활을 배척했던 것은 아니다.

"결혼 생활을 통하여 결합된 두 사람은, 남성의 분석적인 지성과 여성의 취미로서 소생되고 지배된 하나의 정신적인 인격을 이루고 있다 하겠다.

왜냐하면 남성에게는 오히려 경험에 따른 통찰을, 그리고 여성에게는 감정의 자유와 아름다움을 신뢰하게 할 뿐만 아니라, 남성은 마음이 숭고하면 할수록 더욱 애정의 대상에 만족하려고 힘쓰는 것을 목적으로 삼으려 하게 된다. 또한 여성은 마음이 아름다우면 아름다울수록 예의 바르게 남성의 그 노력에 보답하려고 힘쓰게 된다.

따라서, 이러한 부부 관계에 있어서는 남녀의 어느 쪽이 더 뛰어났는가 하는 것은 문제가 안 된다. 만일에 그러한 것이 문제가 된다면 생활 태도가 야비하거나 또는 두 사람의 취미가 균형을 이루지 못하거나 하는 것 가운데 하나임에 틀림없다."

따라서 남성은 여성에 대해서

"당신이 가령 나를 사랑할 수 없게 되더라도, 나는 당신이 나를 존경하지 않을 수 없게 하리라."

하고 자신 있게 말할 수 있어야 하며, 여성은 남성에 대하여

"당신이 나를 진심으로 높이 평가하지 않더라도 사랑하지

않을 수 없게 하리다."

하는 스스로의 매력에 확신을 가질 수 있게 하는 것이
중요하다.

이 점에 대하여 칸트는 다음과 같은 결론을 내리고 있다.

"이러한 근본적인 법칙이 없으면, 남성은 여성의 마음에
들기 위하여 여자답게 되고, 여성은 존경하는 마음이 생기도록
남자처럼 되어버린다. 그러나 자연의 의지에 견디어 봤자
아무런 성과도 이룩할 수 없다."